숫타니파타

숫타니파타

초판 1쇄 발행 2025년 2월 14일

지은이 이주성
펴낸이 장길수
펴낸곳 지식과감성#
출판등록 제2012-000081호

교정 정은솔
디자인 정윤솔
편집 정윤솔
검수 김지원, 이헌
마케팅 김윤길

주소 서울시 금천구 벚꽃로298 대륭포스트타워6차 1212호
전화 070-4651-3730~4
팩스 070-4325-7006
이메일 ksbookup@naver.com
홈페이지 www.knsbookup.com

ISBN 979-11-392-2417-7(03220)
값 19,000원

- 이 책의 판권은 지은이에게 있습니다.
- 이 책 내용의 전부 또는 일부를 재사용하려면 반드시 지은이의 서면 동의를 받아야 합니다.
- 잘못된 책은 구입하신 곳에서 바꾸어 드립니다.

지식과감성#
홈페이지 바로가기

숫타니파타

이주성 역해

차례

1. 기어다니는 것의 장 [Uraga-vagga]

1-1. 뱀 • 9
1-2. 다니야 • 13
1-3. 코뿔소 • 18
1-4. 밭가는 바라드바자 • 27
1-5. 쿤다 • 34
1-6. 실패 • 36
1-7. 천한 사람 • 43
1-8. 자비 • 51
1-9. 히말라야 • 52
1-10. 넓은 들 • 58
1-11. 승리 • 63
1-12. 성자 • 65

2. 나아가는 것의 장 [Kula-vagga]

2-1. 보배 • 71
2-2. 비린 것 • 74
2-3. 부끄러움 • 78

2-4. 크나큰 축복 · 79

2-5. 뾰족한 털 · 82

2-6. 법에 맞는 행실 · 85

2-7. 바라문의 올바름 · 87

2-8. 배 · 94

2-9. 올바른 일 · 96

2-10. 일어나라 · 97

2-11. 라후라 · 98

2-12. 방기사 · 100

2-13. 올바르고 완전한 수행 · 106

2-14. 담미카 · 109

3. 훌륭한 것의 장 [Maha-vagga]

3-1. 출가 · 119

3-2. 정진 · 122

3-3. 잘 설해진 것 · 126

3-4. 순다리카 바라드바자 · 129

3-5. 마가 · 139

3-6. 사비야 · 147

3-7. 셀라 · 164

3-8. 화살 · 181

3-9. 바세타 • 184

3-10. 코칼리야 • 196

3-11. 날라카 • 206

3-12. 양자고찰(兩者考察) • 215

4. 팔구의 장[Atthaka-vagga]

4-1. 욕망 • 239

4-2. 동굴팔구(洞窟八句) • 240

4-3. 분노팔구(憤怒八句) • 242

4-4. 청정팔구(淸淨八句) • 243

4-5. 최상팔구(最上八句) • 245

4-6. 늙음 • 247

4-7. 티사 메테야 • 248

4-8. 파수라 • 250

4-9. 마간디야 • 252

4-10. 죽기 전에 • 256

4-11. 논쟁과 다툼 • 258

4-12. 작은 전선 • 261

4-13. 커다란 전선 • 264

4-14. 빠르게 • 268

4-15. 스스로에 대한 회초리 • 272

4-16. 사리불 • 275

5. 피안으로 가는 길의 장[Pārāyana-vagga]

5-1. 서게(序偈) • 281

5-2. 바라문 제자 아지타의 질문 • 290

5-3. 바라문 제자 티싸메테야의 질문 • 291

5-4. 바라문 제자 푼나카의 질문 • 292

5-5. 바라문 제자 메타구의 질문 • 294

5-6. 바라문 제자 도타카의 질문 • 297

5-7. 바라문 제자 우파시바의 질문 • 299

5-8. 바라문 제자 난다의 질문 • 300

5-9. 바라문 제자 헤마카의 질문 • 303

5-10. 바라문 제자 토데야의 질문 • 304

5-11. 바라문 제자 카파의 질문 • 305

5-12. 바라문 제자 가투칸니의 질문 • 305

5-13. 바라문 제자 바드라부다의 질문 • 307

5-14. 바라문 제자 우다야의 질문 • 308

5-15. 바라문 제자 포살라의 질문 • 309

5-16. 바라문 제자 모가라자의 질문 • 310

5-17. 바라문 제자 핑기야의 질문 • 311

5-18. 결게(結偈) • 312

덧붙이는 말 • 318
일러두기 • 322

1. 기어다니는 것의 장[Uraga-vagga]

1-1. 뱀

모든 인간의 욕망을 버린 비구(比丘)[1]는 허물을 벗어버리는 뱀과 비교할 수 있다.

퍼져나가는 뱀독을 약으로 다스리듯이
치밀어 오르는 화를 억제하는 사람.
그 비구는 이 언덕과 저 언덕[2]을 모두 떠난다.
뱀이 낡고 해진 묵은 허물에서 벗어나는 것처럼.

연못에 피어난 연꽃을 꺾듯이
열정을 모두 끊어낸 사람.
그 비구는 이 언덕과 저 언덕을 모두 떠난다.

---

1 Bhikkhu. 비구(比丘). 본래의 뜻은 걸사(乞士), 밥을 빌어먹는 사람이라는 뜻. 불교에서의 수도승을 가리키는 말. 또는 출가한 수행자를 가리키는 말.
2 this and the further shore. 이편 언덕과 저편 언덕. 차안(此岸)과 피안(彼岸). 본래의 뜻은 물가.

뱀이 낡고 해진 묵은 허물에서 벗어나는 것처럼.

넘쳐흐르는 것, 질풍같이 달리는 것,
바싹 말라붙여 욕망을 끊어낸 사람.
그 비구는 이 언덕과 저 언덕을 모두 떠난다.
뱀이 낡고 해진 묵은 허물에서 벗어나는 것처럼.

갈대로 된 연약한 다리가 홍수에 무너지듯
오만함을 모두 부수어버린 사람.
그 비구는 이 언덕과 저 언덕을 모두 떠난다.
뱀이 낡고 해진 묵은 허물에서 벗어나는 것처럼.

무화과나무에서 꽃을 찾듯
존재의 본질을 찾지 않는 사람.
그 비구는 이 언덕과 저 언덕을 모두 떠난다.
뱀이 낡고 해진 묵은 허물에서 벗어나는 것처럼.

가슴에 분노의 감정이 없는 사람
다시 태어나는 존재를 극복한 사람.
그 비구는 이 언덕과 저 언덕을 모두 떠난다.
뱀이 낡고 해진 묵은 허물에서 벗어나는 것처럼.

의혹을 흩어내고,

속마음을 모두 끊어낸 사람.

그 비구는 이 언덕과 저 언덕을 모두 떠난다.

뱀이 낡고 해진 묵은 허물에서 벗어나는 것처럼.

앞서지도 않고 뒤처지지도 않는 사람

이 세계의 모든 망상을 이겨낸 사람.

그 비구는 이 언덕과 저 언덕을 모두 떠난다.

뱀이 낡고 해진 묵은 허물에서 벗어나는 것처럼.

앞서지도 않고 뒤처지지도 않는 사람

이 모든 세상이 거짓임을 알아낸 사람.

그 비구는 이 언덕과 저 언덕을 모두 떠난다.

뱀이 낡고 해진 묵은 허물에서 벗어나는 것처럼.

앞서지도 않고 뒤처지지도 않는 사람

이 모든 것이 거짓임을 알아 탐욕에서 자유로워진 사람.

그 비구는 이 언덕과 저 언덕을 모두 떠난다.

뱀이 낡고 해진 묵은 허물에서 벗어나는 것처럼.

앞서지도 않고 뒤처지지도 않는 사람

이 모든 것이 거짓임을 알아 열정에서 자유로워진 사람.

그 비구는 이 언덕과 저 언덕을 모두 떠난다.

뱀이 낡고 해진 묵은 허물에서 벗어나는 것처럼.

앞서지도 않고 뒤처지지도 않는 사람
이 모든 것이 거짓임을 알아 미움에서 자유로워진 사람.
그 비구는 이 언덕과 저 언덕을 모두 떠난다.
뱀이 낡고 해진 묵은 허물에서 벗어나는 것처럼.

앞서지도 않고 뒤처지지도 않는 사람
이 모든 것이 거짓임을 알아 어리석음에서 자유로워진 사람.
그 비구는 이 언덕과 저 언덕을 모두 떠난다.
뱀이 낡고 해진 묵은 허물에서 벗어나는 것처럼.

아무런 애착이 없는 사람
죄악이 뿌리째 뽑혀진 사람.
그 비구는 이 언덕과 저 언덕을 모두 떠난다.
뱀이 낡고 해진 묵은 허물에서 벗어나는 것처럼.

두려움에서 비롯되는 죄악이 없는 사람
그리하여 이 언덕으로 되돌아오지 않는 사람.
그 비구는 이 언덕과 저 언덕을 모두 떠난다.
뱀이 낡고 해진 묵은 허물에서 벗어나는 것처럼.

욕망에서 비롯되는 죄악이 없는 사람
그리하여 존재에 얽매이지 않는 사람.
그 비구는 이 언덕과 저 언덕을 모두 떠난다.

뱀이 낡고 해진 묵은 허물에서 벗어나는 것처럼.

오개(五蓋)³를 떠나 괴로움에서 자유로워진 사람
의혹을 극복하여 고통을 지니지 않는 사람.
그 비구는 이 언덕과 저 언덕을 모두 떠난다.
마치 뱀이 낡고 해진 묵은 허물에서 벗어나는 것처럼.

1-2. 다니야

밥도 지었고 우유도 짜놓았습니다.
라고 소치는 다니야가 말했다.
나는 내 권속(眷屬)⁴들과 함께 마히강⁵ 언덕 근처에서 삽니다.
지붕 있는 집에 등불도 켜놓았습니다.
그러니 그대여, 비를 내리려거든 내리라. 오, 하늘이여.

나는 성냄에서 벗어났고, 완고함에서도 벗어났도다.

---

3   The five obstacles. 오개(五蓋). 오온(五蘊). 불가에서 모든 인연과 과보의 기초가 된다고 말하는 색(色), 수(受), 상(想), 행(行), 식(識)의 다섯 가지 요소.

4   my fellows. 권속(眷屬). 가족, 또는 넓은 의미에서 한 집에서 생활을 같이하는 사람, 또는 불보살을 모시는 사람들.

5   Mahi. 인도 북부 라자스탄에서 서쪽 아라비아해로 흘러드는 강의 이름.

라고 세존[6]께서 말씀하셨다.

나는 마히강 강가 언덕 근처에서 하룻밤을 쉬리니,

내 집은 지붕도 없고 불도 꺼져있도다.

그러니 그대여, 비를 내리려거든 내리라. 오, 하늘이여.

쇠파리도 없습니다.

라고 소치는 다니야가 말했다.

풀밭에는 풀이 그득하고, 소들은 울음을 웁니다.

그리하여 소들은 비가 와도 견딜 것입니다.

그러니 그대여, 비를 내리려거든 내리라. 오, 하늘이여.

뗏목이 잘 만들어졌도다.

라고 세존께서 말씀하셨다.

나는 강 건너 저편 언덕에 닿아 애욕의 급류를 이겨냈으니

이제 더 이상 뗏목이 필요하지 않도다.

그러니 그대여, 비를 내리려거든 내리라. 오, 하늘이여.

제 아내는 온순하며 음란하지 않습니다.

라고 소치는 다니야가 말했다.

그녀는 오랜 세월 함께 살았고, 함께 살면서

나는 그녀에 대한 아무런 험담도 듣지 못했습니다.

---

6   Bhagavat. 여래십호의 하나. 바가바(婆伽婆). 부처의 경지를 이룬 사람. 박가범(薄伽梵), 박아범(薄阿梵), 바가범(婆伽梵), 바가반(婆伽伴). 의역으로는 세존(世尊).

그러니 그대여, 비를 내리려거든 내리라, 오, 하늘이여.

내 마음은 충실하여 세속에서 벗어났도다.
라고 세존께서 말씀하셨다.
오랜 세월 고도로 일구어졌고 잘 다스려졌으니,
더 이상 어떤 것도 나를 험담하지 못하리라.
그러니 그대여, 비를 내리려거든 내리라. 오, 하늘이여.

나는 내가 번 것으로 살아갑니다.
라고 소치는 다니야가 말했다.
내 아이들도 나처럼 건강하며,
나는 그애들에 대해 아무런 험담도 듣지 못했습니다.
그러하니 그대여, 비를 내리려거든 내리라. 오, 하늘이여.

나는 누구의 하인도 아니다.
라고 세존께서 말씀하셨다.
나는 내가 얻은 것으로써 모든 세상을 유행(遊行)[7]하노니
누구의 도움도 필요하지 않도다.
그러니 그대여, 비를 내리려거든 내리라. 오, 하늘이여.

나는 암소도 가지고 있고, 송아지도 가지고 있습니다.

---

[7] 불가에서 수행자나 승려들이 탁발이나 포교, 교리전파, 선지식과의 만남을 목적으로 방랑하는 것. 행각(行脚), 만행(卍行).

라고 소치는 다니야가 말했다.

나는 새끼 밴 암소와 어린 암소를 가지고 있고

또한 암소들을 거느리는 황소도 가지고 있습니다.

그러니 그대여, 비를 내리려거든 내리라. 오, 하늘이여.

나는 암소도 없고, 송아지도 없다네.

라고 세존께서 말씀하셨다.

나는 새끼 밴 암소도 없고, 어린 암소도 없으며,

암소를 거느리는 황소도 없다네.

그러니 그대여, 비를 내리려거든 내리라. 오, 하늘이여.

때려박은 말뚝은 흔들리지 않습니다.

라고 소치는 다니야가 말했다.

뭉가 풀[8]로 만들어진 밧줄은 새것이고 잘 만들어져서

암소들은 그것을 끊을 수 없을 것입니다.

그러니 그대여, 비를 내리려거든 내리라. 오, 하늘이여.

황소처럼 묶여있던 끈을 찢어발기고

코끼리처럼 가루키 넝쿨[9]을 끊어버렸으니

다시는 모태(母胎)에 들지 않으리라.

---

8 Munga. 인도의 들녘에서 나는 풀. 자세한 것은 알 수 없다. 나무로서의 Munga Tree는 Moringa Tree라고도 하며, 잎, 꽃, 열매를 식용으로 쓴다.

9 galukkhi. 인도의 들녘에서 자생하는 넝쿨식물. 자세한 것은 알 수 없다.

그러니 그대여, 비를 내리려면 내리라. 오, 하늘이여.

그러자 그때에 비가 퍼붓듯 쏟아져 땅과 바다를 가득 채웠다. 하늘에서 내리는 빗소리를 들으면서 다니야가 이렇게 말했다.

세존을 뵈온 이래로 얻은 바가 정말 적지 않나이다.
저희가 귀의하오니, 오, 지혜의 눈을 갖추신 분이시여. 저희의 스승이 되어주소서. 오, 위대한 성자[10]이시여.

저와 제 아내 모두가 순종하겠나이다.
저희를 선서(善逝)[11]의 곁에서 청정한 삶으로 이끌어 주소서.
나고 죽는 것을 이겨내어 괴로움을 끝내겠나이다.

아들을 가지고 있는 사람은 아들로 인해 기뻐할 것이다.
라고 사악한 악신[12]이 말했다.
암소를 가지고 있는 사람은 암소만큼 기뻐할 것이다.
왜냐하면 집착[13]은 바로 그 사람의 기쁨이지만, 집착이 없으면 기뻐할

---

10 Muni. 성자(聖者). 모니(牟尼). 본래의 뜻은 '수행자' 또는 '침묵하는 사람'.
11 Sugata. 여래십호의 한 가지. 수가타(修伽陀). 선서(善逝). 생사의 인연에 빠지지 않는 사람.
12 Mara. 죽음의 신(神). 악신(惡神). 파순(波旬). 빠삐만(papiman), 나무치(namucci). 욕계 타화자재천에 머무는 천신(天神)의 하나. 수행자들이 욕계를 벗어나지 못하게 방해하는 신.
13 Upadhi. 여러 가지 의미를 가진다. 첫째, 현세의 감각적 즐거움을 포기할 수 없는 것, 즉 집착 또는 집착의 대상. 둘째, 집착을 계속 유지하려는 것, 즉 소유욕. 셋째, 집착은 열반에 들지 못하는 까닭이므로 윤회의 뿌리, 즉 근업(根業)이 된다. 넷째, 윤회에 들면 반드시 생을 받으므로, 재탄생의 원인이 된다. 다섯째, 소유욕이나 집착으로 인해 다툼, 원망, 분노 등이 일어나므로 고통을 받는 원인이 된다.

것도 없기 때문이다.

아들을 가지고 있는 사람은 아들로 인해 근심할 것이다.
라고 세존께서 말씀하셨다.
암소를 가지고 있는 사람은 암소만큼 근심할 것이다.
왜냐하면 집착은 사람들이 근심하는 까닭이지만, 집착이 없는 사람은 근심할 것도 없기 때문이다.

1-3. 코뿔소

가정생활이나 사람과의 교류를 피해야 한다. 왜냐하면 세상은 온갖 악습과 부도덕한 것들을 그 안에 지니고 있기 때문이다. 그러므로 타락한 세상의 영역을 떠나 홀로 있는 삶으로 나아가야 한다.

모든 존재에 대해 매질을 하지 말라.
그 어느 것도 해치지 말라.
자식을 바라는 사람이 아무도 없는데, 하물며 동반자이랴.
코뿔소의 뿔[14]처럼 혼자서 가게[15] 하라.

---

14 rhinoceros. 코뿔소. 팔리 원전에는 'khaggavisaana', 즉 '코뿔소의 뿔'로 되어있다. 팔리 원전의 뜻이 문맥에 더욱 부합하는 듯하므로 여기에서는 '코뿔소의 뿔'로 번역하였다.

15 wander. '돌아다니다, 방랑하다'의 뜻. 위에 나온 유행(遊行)과 같은 의미.

교류하려는 사람에게서 애착이 일어나고,
괴로움이 애착을 따라온다.
애착에서 비롯되는 정신적 괴로움을 잘 생각하여
코뿔소의 뿔처럼 혼자서 가게 하라.

벗이나 도반(道伴)[16]을 연민하는 사람
스스로 마음이 속박되면 편리함을 잃으리니,
교우(交友)에 이러한 위험이 있음을 알아
코뿔소의 뿔처럼 혼자서 가게 하라.

처자(妻子)에 대한 근심과 걱정
바로 거대한 대나무가 서로 얽히는 것,
대나무 죽순이 서로 얽매임과도 같으니
코뿔소의 뿔처럼 혼자서 가게 하라.

숲속의 자유로운 짐승들이
즐거이 먹이를 찾아다니듯
지혜로운 사람이여, 그렇게 스스로의 의지를 살피어
코뿔소의 뿔처럼 혼자서 가라.

도반들 사이에 있으면
앉거나, 서거나, 걷거나, 어디를 가거나, 계속해서 부른다.

---

16 수행이나 고행을 함께 하는 동료.

욕망으로부터의 자유를 찾아, 스스로의 의지를 따라,
코뿔소의 뿔처럼 혼자서 가라.

도반들 사이에는 유희와 환락이 있고,
어린아이에게는 크나큰 애착이 있다.
사랑하는 사람들과의 헤어짐이 좋지는 않아도
코뿔소의 뿔처럼 혼자서 가라.

사방 어디에 있든
집에 있듯 편안하여 적대심이 없는 사람,
이런저런 것들로 채워져 두려움 없이 위험을 이겨내는 사람,
그를 코뿔소의 뿔처럼 혼자서 가게 하라.

불만족스러움은 출가수행자[17]에게도 있고
집에 머무는 재가수행자[18]에게도 있다.
다른 사람의 아이들에 대해 신경쓰지 말고,
코뿔소의 뿔처럼 혼자서 가게 하라.

잎이 떨어진 코빌라라[19] 나무처럼

---

17 pabbagita. 출가하여 종교적 수행 또는 고행을 하는 사람. 또는 은자, 은둔자.
18 gahattha. 집에 머물면서 수행하듯 계율을 지키는 사람. Pali Text Society(팔리원전연구회. 이하 'PTS')에서는 다음과 같이 주석하였다. 'a householder, one who leads the life of a layman'(PTS, 1921~25, p.247).
19 Kovilara. 인도에서 자생하는 나무. 자세한 것은 알 수 없다.

재가자[20]의 상징을 벗고
재가(在家)의 인연을 용맹하게 잘라낸 뒤,
코뿔소의 뿔처럼 혼자서 가라.

잘 어울리면서도 올바르고 지혜로운
그런 총명한 도반을 얻었으면,
온갖 위험 이겨내면서
기쁘게, 사려깊게, 그와 함께 가라.

잘 어울리면서도 올바르고 지혜로운
그런 총명한 도반을 얻지 못했으면,
왕이 정복한 나라를 버리고 떠나듯
코뿔소의 뿔처럼 혼자서 가라.

도반을 얻는 행운은 마땅히 축하해야 하며,
가장 좋거나 그런 정도의 벗을 찾아야 한다.
그와 같은 친구를 얻지 못했으면 할 수 있는 것이나 즐기면서
코뿔소의 뿔처럼 혼자서 가라.

빛나는 금팔찌를 보라.
금세공인(金細工人)이 잘 만든 것.

20　gihin. 집에 머무르면서 계율을 지키는 사람. 재가자(在家者). 'a householder, one who leads a domestic life, a layman'(PTS, 1921~25, p.251).

하나의 팔에서 두 개가 부딪치니,
코뿔소의 뿔처럼 혼자서 가라.

그렇게 다른 사람과 함께한다면
서로 욕하고 꾸짖기도 하리니,
장차 있을지도 모를 이러한 위험을 살피어
코뿔소의 뿔처럼 혼자서 가라.

감각적 즐거움이란 정말로 다양하고 달콤하고 매혹적이지만
그 다양한 모습에 사로잡히면 마음이 흔들리니,
감각적 즐거움의 비참함을 알아서
코뿔소의 뿔처럼 혼자서 가라.

이러한 것들이 내게는
재앙이고, 종기이고, 불운이고, 질병이고, 날카로운 고통이고, 위험이다.
감각적 즐거움의 이러한 위험을 알아서
코뿔소의 뿔처럼 혼자서 가라.

추위와 더위, 배고픔과 목마름,
바람과 뜨거운 햇볕, 쇠파리와 뱀들,
이러한 것들을 모두 이겨내고
코뿔소의 뿔처럼 혼자서 가라.

거대하고 힘센 얼룩 코끼리

무리를 떠나 숲속을 즐거이 거닐듯
그와 같이
코뿔소의 뿔처럼 혼자서 가라.

교류를 즐기는 사람은
잠깐의 해탈에 이르는 것도 어렵다.
태양족[21] 후예의 말씀을 성찰하여
코뿔소의 뿔처럼 혼자서 가라.

나는 완고한 견해를 극복하였고, 자기절제를 얻었으며, 방편을 성취하였고, 지혜를 이루었고, 그리하여 다른 사람에게 이끌리지 않는다. 그래서 말하노니, 코뿔소의 뿔처럼 혼자서 가라.

탐욕스러움 없이, 속임 없이, 갈망함 없이, 모함 없이, 열정과 어리석음 없이, 세상의 모든 욕망에서 자유로워지리니, 코뿔소의 뿔처럼 혼자서 가라.

쓸모없는 것을 가르치는, 나쁜 것으로 빠져드는, 좋지 않은 도반을 피하라. 감각적 즐거움을 떠나보낸 사람들이여, 그와 어울리지 않도록 하라. 코뿔소의 뿔처럼 혼자서 가라.

관대하고 지혜로운 사람이여, 법[22]을 배우고 지키는 벗을 사귀라. 의미

---

21 the Adikka family. Adikka는 태양(太陽)의 뜻. 히말라야 석가족은 코리아족과 함께 태양의 후예라 불리우는 포족 소속이었다.

22 Dhamma. 진리의 법. 진리의 가르침. 우주 본연의 본질적 법칙. 또는 올바른 세상살이의 방법.

를 알고 의혹을 굴복시켜, 코뿔소의 뿔처럼 혼자서 가라.

자신에 집착하지 않으면서, 놀이와 환락과 세상에서의 즐거움과 기쁨을 찾지 않으면서, 겉치레하는 삶을 꺼리고 진리를 말하면서, 코뿔소의 뿔처럼 혼자서 가라.

처자, 부모, 부(富), 재산, 친척을 떠나 여러 욕망들을 버린 사람, 코뿔소의 뿔처럼 혼자서 가라.

'이것이 속박이다. 여기에는 행복이 적고 즐거움도 적으나, 괴로움은 많다. 이것은 낚시바늘이다.'
그렇게 이해하면서, 사려깊은 사람이여, 코뿔소의 뿔처럼 혼자서 가라.

인연의 속박을 끊어내라.
물속의 고기처럼 그물을 찢어내라.
타버린 곳으로 되돌아가지 않는 불길처럼,
코뿔소의 뿔처럼 혼자서 가라.

눈을 내리감고 곁눈질 않으면서,
열정으로부터 자유롭게,
다스려진 감각, 다스려진 마음으로 타오르지 않으면서,
코뿔소의 뿔처럼 혼자서 가라.

재가수행자의 면모를 벗어내고,

잎이 떨어진 파리차타[23] 나무처럼,
노란 가사를 입고 출가하여
코뿔소의 뿔처럼 혼자서 가라.

달콤한 것에 빠지지 말고, 흔들리지 말고,
다른 사람을 부양하지 말라.
이집 저집 걸식하고 다니면서
어떠한 가사(家事)에도 구애되지 말라.
코뿔소의 뿔처럼 혼자서 가라.

마음의 오개(五蓋)를 떠나,
모든 죄악을 떨쳐내고,
홀로 서서 욕망의 죄악을 끊어내면서,
코뿔소의 뿔처럼 혼자서 가라.

즐거움과 괴로움,
지나간 기쁨과 괴로움을 던지고,
평정과 평온과 청정을 얻어,
코뿔소의 뿔처럼 혼자서 가라.

최고의 선업을 이루려 정진하며,

---

23 Parikhatta. 천수왕(天樹王), 원생수(圓生樹), 주도수(晝度樹). 도리천에 있다고 전해지는 나무. 석가모니가 어머니 마야부인을 위해 도리천에 올라 이 나무 아래에서 설법하였다고 한다. 다홍색 꽃이 피고, 6월에 잎이 지는데, 나무에서 나는 향기가 도리천을 가득 채운다고 한다.

애착에서 자유로워진 마음으로,
나태함에 머물지 않고 꼿꼿하게 육체적 정신적 힘을 이루어,
코뿔소의 뿔처럼 혼자서 가라.

은둔과 선정을 떠나지 말고,
늘 법 안에서 거닐며,
존재의 괴로움을 알아서
코뿔소의 뿔처럼 혼자서 가라.

욕망의 소멸을 소원하여
주의 깊게, 어리석음 없이 배워 익히고,
물러남 없이, 사려깊게, 자제하며, 강력하고, 활발하게,
코뿔소의 뿔처럼 혼자서 가라.

소리에 흔들리지 않는 사자와 같이,
그물에 걸리지 않는 바람과 같이,
물에 더럽혀지지 않는 연꽃과 같이,
코뿔소의 뿔처럼 혼자서 가라.

사자가 강력한 이빨로 모두를 이기고,
백수의 왕 승자처럼 어슬렁거리듯,
마을에서 떨어진 곳으로 나아가
코뿔소의 뿔처럼 혼자서 가라.

때맞추어 자비와 평정,
연민(憐愍)과 제도(濟度)를 행하며 기뻐하면서,
세간의 일에 가로막힘 없이,
코뿔소의 뿔처럼 혼자서 가라.

열정과 미움과 어리석음을 모두 떠나
인연의 속박을 찢고
삶의 상실을 두려워하지 말고,
코뿔소의 뿔처럼 혼자서 가라.

그들은 이익을 위해 사귀고 대접한다.
의도가 없는 벗은 이제 얻기 어렵다.
사람들은 그들의 이익을 의식하므로 순수하지 않다.
코뿔소의 뿔처럼 혼자서 가라.

1-4. 밭가는 바라드바자

바라문[24]인 밭가는 바라드바자[25]가 고타마[26]의 게으름을 비난한다. 그

---

24   Brâmana. 브라흐마. 인도 사성계급의 최상위 계급. 주로 신직(神職)에 종사한다.
25   Kasi-Bharadvaga. 팔리어로 Kasi는 '밭을 갈다', 즉 경전(耕田)의 뜻이고, Bharadvaga는 본래 고대인도 베다에 수록되어 있는 현자 또는 예언자의 이름. 여기서는 그의 이름을 본 뜬 사람의 이름.
26   Gotama. 석가모니의 성씨. 구담(瞿曇)으로 번역된다. 이름은 싯다르타.

러나 고타마 역시 일한다는 것을 뒤늦게나마 알게 되었고, 그리하여 부처님께 귀의하였고, 마침내 성인의 반열에 올랐다.

나는 그렇게 들었다.
어느 때에 세존께서 마가다[27] 닥키나기리[28]에 있는 바라문 마을 에카날라[29]에 머무르고 계셨다.
그때에 밭가는 바라문 바라드바자의 쟁기 오백 자루가 밭을 갈기 위해 멍에에 묶여져 있었다. 그때 세존께서 아침에 의복을 입고 발우와 가사를 들고, 밭가는 바라문 바라드바자가 일하는 곳으로 갔다. 그때에 밭가는 바라문 바라드바자는 식사를 나누어 주는 곳에 있었다. 그때 세존께서도 식사를 나누어 주는 곳으로 가셨고, 그곳에 도착해서는 한쪽에 서 있었다. 밭가는 바라드바자 바라문이 보시를 받으려고 서있는 세존을 보았는데, 세존을 알아보고는 이렇게 말했다.

오, 사문[30]이여. 나는 밭을 갈고 씨를 뿌리는 일 둘다 합니다. 나는 밭을 갈고 씨를 뿌려서 먹습니다. 오, 사문이여. 그대 또한 밭을 갈고 씨를 뿌려야 합니다. 그대는 밭을 갈고 씨를 뿌린 것으로 먹어야 합니다.

---

27 Magadha. 마가다 왕국. 고대 인도 갠지스강 중류 남쪽에 있던 나라.
28 Dakkhinâgiri. 마가다 왕국의 라자가하, 즉 왕사성 남쪽에 있는 산의 이름. 이 부근에 에카날라라고 하는 바라문 마을이 있었는데, 석가모니께서 46세 때 11번째 안거를 이곳에서 나면서 바라드바자를 교화하였다고 한다.
29 Ekanalâ. 마을의 이름. 본래는 '한 줄기의 갈대'라는 뜻.
30 Samana. 사문(沙門). 바라문 이외의 사람으로서 불교, 자이나교 등에 소속된 출가수행자. 또는 출가하여 숲속에서 홀로 수행하며 살아가는 사람.

오, 바라문이여. 나 또한 밭을 갈고 씨를 뿌립니다. 밭을 갈고 씨를 뿌려서 먹습니다.
라고 세존께서 말씀하셨다.

우리는 아직 존귀하신 고타마에게서 멍에, 쟁기, 쟁기날, 또는 소치는 작대기나 일하는 황소들을 보지 못했습니다.

그러자 존자 고타마가 이렇게 말했다.
오, 바라문이여. 나 또한 밭을 갈고 씨를 뿌립니다. 밭을 갈고 씨를 뿌려서 먹습니다.
라고 세존께서 말씀하셨다.

그러자 밭가는 바라드바자 바라문이 사행시[31]로 세존께 말했다.

그대는 쟁기질하는 사람이라고 주장하지만,
우리는 아직 그대의 쟁기질을 보지 못했습니다.
그대의 쟁기질에 대해서 묻노니,
그대의 쟁기질을 알아듣게끔 말해주시오.

세존께서 대답하셨다.
신심(信心)은 씨앗이요, 고행(苦行)은 단비이고,

---

31 Stanza. 사행시(四行詩). 네 구절로 된 각운(脚韻)이 있는 싯구. 또는 그 시(詩)에서의 단락의 구분, 또는 시(詩)의 절(節), 연(聯)을 가리키는 말.

깨달음은 나의 멍에이자 쟁기,
겸양은 쟁기의 자루이고, 마음은 쟁기를 묶는 줄이며,
배려심은 나의 쟁기날이자 소를 모는 작대기라오.

몸으로 근신하고, 말을 삼가고,
먹는 것을 절제하여,
진리를 드러나게 하니,
온유함은 나의 해탈이라오.

용맹정진은 나의 짐 나르는 마소
열반[32]으로 나를 안내하니,
슬퍼할 것 없는 그곳으로
되돌아옴 없이 나아가리라.

이 쟁기질로 밭을 갈아
불멸의 과보(果報)를 향해 나아가나니,
이 쟁기질로 밭을 가는 사람들
모든 괴로움에서 풀려나리.

그러자 밭가는 바라드바자 바라문이 금으로 된 발우에 쌀우유죽을 담아 세존에게 내밀며 말했다.

---

32 Nibbana. 열반(涅槃). 수행의 최고의 경지. 진리를 체득하여 번뇌가 소멸되고 일체의 집착과 미혹, 속박에서 벗어난 상태. 또는 그러한 상태에서 입멸(入滅)하는 것.

존귀하신 세존께서는 쌀우유죽을 드십시오. 존자야말로 밭을 가는 사람입니다. 왜냐하면 존귀하신 고타마께서는 불멸의 과보를 향해 나아가는 쟁기로 밭을 갈기 때문입니다.

세존께서 말씀하셨다.
나는 시(詩)를 읊어 얻은 것으로 먹지 않습니다. 이것은, 오, 바라문이여, 옳게 보는 사람의 법이 아닙니다. 부처님[33]들은 시를 읊어서 얻는 것을 거부합니다. 이것은 법이 존재하는 만큼이나 오래된 행위입니다.

대선인(大仙人)[34]을 성취한 사람, 열정을 깨뜨린 사람, 악행을 소멸시킨 사람, 그들에게는 다른 음식이나 마실 것을 주십시오. 왜냐하면 이들은 선업(善業)[35]을 찾는 사람들의 복밭이기 때문입니다.

그러면, 오, 고타마이시여, 이 쌀우유죽을 누구에게 주리까.
라고 밭가는 바라드바자가 말했다.

사람과 신과 악신(惡神)과 범천(梵天)[36]의 세상에서, 오, 바라문이여. 신과 사람, 사문과 바라문을 모아놓은 중에서 여래(如來)[37], 또는 여래의 제자

---

33 Buddha. '깨달은 사람'의 뜻. 불가에서는 주로 석가모니를 가리키는 말로 쓰인다.
34 great Isi, Isi는 범어의 risi, 즉 신선(神仙)의 뜻. 현자, 성인으로 번역되기도 한다.
35 현실의 삶에서 행하는 올바르고 도덕적인 행위가 쌓이고 쌓여 좋은 인연과 과보를 이루는 것.
36 Brahman. 색계 사선천에 속하는 초선천의 네 하늘, 또는 사바세계를 관장하는 대범천왕(大梵天王)을 가리키는 말. 또는 대범천에 속하는 여러 천신들을 가리키는 말.
37 Tathagata. 여래십호의 하나. '진리를 따라 진리로부터 온 사람'의 뜻.

1. 기어다니는 것의 장[Uraga-vagga]

를 제외하고는 이 쌀우유죽을 먹고 적절하게 소화시킬 수 있는 사람을 나는 보지 못했소.
그러므로, 오, 바라문이여,
이 쌀우유죽을 풀이 듬성듬성한 곳에 내던지거나, 아니면 벌레들이 없는 물속에 버려야 할 것입니다.
라고 세존께서 말씀하셨다.

그러자 밭가는 바라드바자 바라문이 쌀우유죽을 벌레가 없는 물속에 던졌다. 물속에 던져진 쌀우유죽이 철벅철벅, 쉬익쉬익 소리를 내면서 연기가 마구 피어올랐다. 하루 종일 뜨겁게 달궈진 쟁기날이 물에 담겨질 때, 철벅철벅, 쉬익쉬익 소리를 내며 연기가 마구 피어오르는 것처럼, 물에 던져진 쌀우유죽 또한 그렇게 철벅철벅, 쉬익쉬익 소리를 내면서 연기가 마구 피어올랐다.

밭가는 바라드바자 바라문이 화들짝 놀라 세존께 다가가서, 세존의 발에 머리를 떨구고 세존께 이렇게 말했다.

뛰어나십니다. 오, 존귀하신 고타마이시여. 뛰어나십니다. 오, 존귀하신 고타마이시여.
넘어진 사람을 일으키듯이, 숨겨진 것을 드러내듯이, 잘못된 길로 들어가는 사람에게 길을 말해주듯이, 눈을 가진 사람이 사물을 볼 수 있도록 어둠 속에서 기름등불을 지니고 계시듯이, 그렇게 존귀하신 고타마께서 여러 가지 방편으로 법을 분명하게 보여주셨나이다.

저는 존귀하신 고타마와 법과 승가[38]에서 위안을 얻었으니, 출가[39]를 받아주시기를 바라오며, 존귀하신 고타마께 구족계[40]를 받기를 바라나이다.
라고 밭가는 바라드바자가 말했다.

그리하여 밭가는 바라드바자 바라문은 세존께 출가를 허락받았고, 구족계를 받았다.
존자 바라드바자는 늦게나마 구족계를 받았으며, 외진 곳에 은둔하여 용맹정진하는 삶으로 나아갔고, 짧은 기간 동안 이 생에서 그 자신이 환히 알아 지닌 깨우침을 따라 살았고, 그리고 집을 떠나 집 없는 상태가 된 훌륭한 가문의 사람들이 올바르게 수행할 수 있도록 하기 위해 그 스스로 경건한 삶에서 최상의 완전함을 지녔다.
태어남은 깨뜨려졌고, 경건한 삶으로 이끌어졌다.
해야 할 일이 모두 마쳐졌으니, 이 생에서는 달리 할 것이 없다.
그렇게 그는 생각하였고, 그리하여 존자 바라드바자는 아라한[41]의 한 사람이 되었다.

---

38 the Assembly of Bhikkhus. 승가(僧伽). 비구승들의 집단. 즉 승단(僧團).
39 pabbaggâ. 가족과 일체의 소유를 떠나 비구가 되어 승단에 소속되는 것.
40 upasampadâ. 불가에서 출가한 사람이 비구 또는 비구니가 되기 위해 반드시 받아야 하는 계율. 사미 또는 사미니에 비해 계(戒)가 완전하게 갖추어졌다 하여 구족계라고 한다. 비구의 구족계는 250가지이고, 비구니는 348가지이다.
41 The arahat. arhat. 나한(羅漢). 아라한(阿羅漢). 여래십호의 하나로써 응공(應供). 또는 수행자들이 도달하는 최고의 경지인 아라한과를 증득한 수행승. 모든 인연과 번뇌를 끊었으므로, 살적(殺敵), 불생(不生), 무학(無學), 응진(應眞)이라고도 불리운다.

1-5. 쿤다

부처님이 대장장이 쿤다[42]에게 사문(沙門)의 네 가지 분류를 말해주었다.

커다란 깨달음을 얻으신 성자께 묻겠나이다.
라고 대장장이 쿤다가 말했다.
진리의 주인이신 부처님이시여, 욕망으로부터 자유로우시며, 두 발로 걷는 사람의 지존[43]이시며, 가장 뛰어난 마부(馬夫)이시여[44].
세상에는 얼마나 많은 종류의 사문들이 있나이까. 저에게 부디 말씀해 주십시오.

네 가지 사문이 있으며, 다섯 번째는 없느니라. 오, 쿤다여.
라고 세존께서 말씀하셨다.
이제 내가 그들을 드러내어 사람들의 물음에 답하리라. 그들은 도(道)의 승리자와, 도(道)를 가르쳐 주는 사람과, 도(道)로써 살아가는 사람과, 도(道)를 더럽히는 사람들이니라.

부처님께서는 누구를 도의 승리자라고 부르시나이까.

---

42 Cunda-Kammāraputta. 또는 Kammāraputta. '대장장이의 아들'이라는 뜻. 석가모니에게 버섯 요리를 공양한 사람. 이 버섯 요리를 먹고 석가모니가 식중독을 일으켜 쿠시나리의 사라쌍수 아래에서 열반에 들었다.
43 the best of bipeds. 양족존(兩足尊). 지혜와 복덕이 충족된 존자라는 뜻과, 두 발로 서는 사람들 가운데 가장 높다는 뜻을 아울러 지닌다. 여래십호의 하나.
44 the most excellent of charioteers. 여래십호의 하나인 조어장부(調御丈夫)를 가리키는 말.

라고 대장장이 쿤다가 말했다.

어째서 도를 생각하는 사람이 무적(無敵)이 됩니까. 이미 물어본 것들, 도(道)로써 살아가는 사람에 대해 말씀해 주시고, 도를 더럽히는 사람에 대해서도 밝혀 주십시오.

세존께서 말씀하셨다.
그는 의혹을 이겨낸 사람, 괴로움이 없고, 열반을 기뻐하고, 탐욕으로부터 자유롭고, 사람과 신들의 세상을 이끄는 사람이니, 그러한 사람을 부처님께서 도의 승리자라 부르는 것이니라.

그는 이 세상에서 가장 으뜸인 것으로 으뜸인 것을 알아낸 사람, 그 법을 자세히 설명하고 까닭을 밝혀 말하는 사람, 의혹을 끊어낸 성자, 욕망이 없는 사람이니, 비구의 두 번째인 그를 가리켜 도를 가르치는 사람이라고 부르느니라.

그는 담마파타[45]에서 잘 가르쳐진 좋은 길을 따라 사는 사람, 스스로 절제하고 배려심이 많으며, 나무랄 데 없는 말을 갈고 닦는 사람, 비구의 세 번째인 그를 가리켜 도로써 살아가는 사람이라고 부르느니라.

그는 겉으로는 도덕적인 사람인 체 하지만, 가문을 부끄럽게 하는 사람, 무례하고, 부정직하고, 방자하고, 수다스럽고, 가식적인 사람이니, 그러한 사람이 도를 더럽히는 사람이니라.

---

45 Dhammapada. Dhamma와 Pada의 합성어. Dhamma는 진리(眞理), Pada는 말씀의 뜻이다. 통상 법구경(法句經)이라고 번역된다.

그는 이러한 것들을 꿰뚫은 사람, 재가수행자인 사람, 지혜를 지닌 사람, 존자들의 제자, 슬기로운 사람, 그들 모두 그러함을 알고 있고, 그렇게 보면서도 신심을 잃지 않는 사람이니, 어찌 타락한 사람과 타락하지 않은 사람을 비교하고, 순수한 사람과 순수하지 않은 사람을 비교하겠는가.

1-6. 실패

이 세상에서 사람들이 얻은 것과 잃은 것에 대한 신(神)[46]들과 부처님의 대화.

그렇게 나는 들었다.
어느 때에 세존께서 사위성[47] 제다숲[48]의 급고독장자[49]의 원림에 머물

---

46 deity. 주로 선신(善神)을 가리키는데, 전지전능한 신 God과는 차이가 있다. 고대인도에서 deity는 천계(天界)에 거주하는 신격(神格), 또는 사물을 관장하는 일종의 차원 높은 정령(精靈)의 성격을 지닌다. 기독교 삼위일체에서는 deity를 신성(神性)이라 표기한다.

47 Sâvatthî. Savatthi. shravasti. 고대 인도 코살라국의 수도. 여기에 기수급고독원(祇樹給孤獨園), 즉 기원정사(祇園精舍)가 있다. 중인도의 또 다른 코살라국과 구별하기 위해 그 수도 이름을 따서 Savatthi, 사위성(舍衛城)으로 불리워진다.

48 Getavana. Geta는 Jeta라고도 하는데, 코살라국 태자의 이름이다. 제다 또는 기타(祇陀)로 음역된다. vana는 숲이다. 기타(祇陀) 소유의 숲이므로 기원(祇園), 기타림(祇陀林) 또는 제다숲, 제다의 숲이라 하고, 그곳의 사원을 기원정사(祇園精舍)라고 한다.

49 Anathapindika. 급고독(給孤獨). 사위성의 장자 수닷타(Sudatta)를 가리키는 말. Anatha는 의지할 곳 없는 사람, pindika는 먹을 것을 주는 사람. 수닷타가 의지할 곳 없는 사람을 많이 구제하였으므로 아나타빈티카(Anathapindika), 즉 급고독(給孤獨)이라고 일컬어졌다.

고 계셨다.

그때에 한밤중을 지날 때에 아름다운 용모를 지닌 어떤 신(神)이 제다숲 전체를 비추면서 세존께 걸어와, 가까이 다가와 절을 하고는 한옆에 비켜섰는데, 한옆에 비켜선 그 신이 사행시로써 세존께 말했다.

저희는, 고타마이시여.
실패를 겪은 사람에 대해 묻겠나이다.
묻고자 찾아왔사오니, 세존이시여,
실패하는 원인이 무엇이나이까.

세존
성공한 사람은 쉽게 알려지고,
실패한 사람도 또한 쉽게 알려지니.
법을 사랑하는 사람이 성공한 사람이고,
법을 싫어하는 사람이 실패한 사람이라네.

신
그렇게 알겠나이다.
이것이 첫 번째의 실패하는 사람이라면
두 번째를 말씀해 주십시오.
오, 세존이시여. 실패하는 원인이 무엇이나이까.

세존

악한 사람들은 그 자신을 사랑하고

선한 사람을 사랑하지 않으며,

악한 사람들의 법도 괜찮다고 생각하니,

그것이 실패하는 원인이라네.

신

그렇게 알겠나이다.

이것이 두 번째의 실패하는 사람이라면

세 번째를 말씀해 주십시오.

오, 세존이시여. 실패하는 원인이 무엇이나이까.

세존

나른해 하고, 교제하는 것을 좋아하고,

힘쓰지 않고, 게으르고,

화를 잘 내는 사람,

그것이 실패하는 원인이라네.

신

그렇게 알겠나이다.

이것이 세 번째의 실패하는 사람이라면

네 번째를 말씀해 주십시오.

오, 세존이시여. 실패하는 원인이 무엇이나이까.

세존

넉넉하게 살면서도

늙거나 젊음이 지나간

어머니 아버지를 돌보지 않는 사람,

그것이 실패하는 원인이라네.

신

그렇게 알겠나이다.

이것이 네 번째의 실패하는 사람이라면

다섯 번째를 말씀해 주십시오.

오, 세존이시여. 실패하는 원인이 무엇이나이까.

세존

바라문이나 사문,

탁발하는 수행자를

거짓말로 속이는 사람,

그것이 실패하는 원인이라네.

신

그렇게 알겠나이다.

이것이 다섯 번째의 실패하는 사람이라면

여섯 번째를 말씀해 주십시오.

오, 세존이시여. 실패하는 원인이 무엇이나이까.

세존

많은 재물을 지니고 있는 사람,

금과 음식을 가진 사람,

그러나 홀로 달콤한 것을 즐기는 사람,

그것이 실패하는 원인이라네.

신

그렇게 알겠나이다.

이것이 여섯 번째의 실패하는 사람이라면

일곱 번째를 말씀해 주십시오.

오, 세존이시여. 실패하는 원인이 무엇이나이까.

세존

혈통을 자랑스러워하고

부(富)와 가문을 자랑하는 사람이

그의 친척을 멸시하면

그것이 실패하는 원인이라네.

신

그렇게 알겠나이다.

이것이 일곱 번째의 실패하는 사람이라면

여덟 번째를 말씀해 주십시오.

오, 세존이시여. 실패하는 원인이 무엇이나이까.

세존

여자에 빠지고, 독한 술에 빠지고,

주사위 노름에 빠져,

벌어들인 모든 것을 헛되이 하는 사람,

그것이 실패하는 원인이라네.

신

그렇게 알겠나이다.

이것이 여덟 번째의 실패하는 사람이라면

아홉 번째를 말씀해 주십시오.

오, 세존이시여. 실패하는 원인이 무엇이나이까.

세존

아내로 만족하지 못하여

매춘부를 찾고

남의 아내를 찾는 사람,

그것이 실패하는 원인이라네.

신

그렇게 알겠나이다.

이것이 아홉 번째의 실패하는 사람이라면

열 번째를 말씀해 주십시오.

오, 세존이시여. 실패하는 원인이 무엇이나이까.

세존

젊음이 지나간 사람이

팀바루 열매[50] 같은 유방을 가진 여자를 집에 들여놓고

그녀에 대한 질투로 잠들지 못하는 사람,

그것이 실패하는 원인이라네.

신

그렇게 알겠나이다.

이것이 열 번째의 실패하는 사람이라면

열한 번째를 말씀해 주십시오.

오, 세존이시여. 실패하는 원인이 무엇이나이까.

세존

술독에 빠져 돈을 낭비하는 여인,

또는 그런 부류의 남자,

이들에게 일을 맡기는 사람,

그것이 실패하는 원인이라네.

신

그렇게 알겠나이다.

---

50 timbaru fruit. 팀바루(timbaru)는 인도에서 자생하는 교목. 오렌지 모양의 커다란 파란색 열매가 열리는데, 이를 Kaffir Orange, 팀바루라 한다. 학명은 Strychnos Spinosa. 씨앗이나 설익은 과일에 독성이 있다.

이것이 열한 번째의 실패하는 사람이라면
열두 번째를 말씀해 주십시오.
오, 세존이시여. 실패하는 원인이 무엇이나이까.

세존
재물을 적게 가졌으면서도 큰 것을 원하는 사람,
찰제리[51] 가문에서 태어났으면서도
이 세상에서의 왕국을 원하는 사람.
그것이 실패하는 원인이라네.

세상에 있는 이러한 실패들을 잘 살피고 통찰할 수 있는 현명한 사람,
존귀한 사람들이 행복한 세상을 일구어 낼 것이다.

1-7. 천한 사람[52]

불을 섬기는 바라드바자[53] 바라문이 마등가[54]의 출생담[55]에 전해지는

---

51 Khattiya. 크샤트리아. 찰리(刹利), 찰제리(刹帝利). 인도 사성계급의 두 번째 계급. 주로 왕족이나 무사. 나라를 통치하는 계급.
52 Vasala. 천민(賤民). 천한 사람. 또는 욕설로서 '천한 놈'.
53 Aggikabharadvaga. Aggika는 불을 섬기는 사람. 즉 배화교도(拜火敎徒).
54 Matangagataka. Matanga는 사성계급에 속하지 않는 최하층의 불가촉천민. 마등가(摩燈迦).
55 gataka. 자타카(jataka), 출생담(出生譚). 또는 석가모니의 본생담(本生譚).

마등가의 이야기를 분명하게 설명하신, 불가촉천민에 대한 부처님의 말씀을 들은 후에 부처님께 귀의하였다.

그렇게 나는 들었다.
어느 때에 세존께서 사위성 제다숲의 급고독장자의 원림에 머물고 계셨다. 그때에 세존께서 아침에 의복을 입고, 발우와 가사를 들고, 걸식을 위해 사위성으로 들어가셨다. 마침 그때 불을 섬기는 바라드바자 바라문의 집에서 불길이 맹렬하게 치솟았고, 그 앞에 공양물이 차려져 있었다.
그때에 세존께서 걸식을 위해 사위성에서 이집 저집 돌아다니다가, 불을 섬기는 바라드바자 바라문의 집으로 가셨다. 불을 섬기는 바라드바자 바라문이 세존께서 오시는 것을 멀리에서 보고는, 그를 알아보고 이렇게 말했다.
거기 멈추라. 까까중이여. 거기 있으라. 거지중이여[56]. 거기 있으라. 천한 놈이여[57].

이렇게 말하자, 세존께서 불을 섬기는 바라드바자 바라문에게 대답하셨다.
그대는 아시는가. 오, 바라문이여. 천한 사람이나 또는 천한 사람으로 만드는 것들을.

---

56 Samanaka. 사문(沙門)이라는 뜻의 Samana을 비하하여 부르는 말.
57 Vasalaka. 불가촉천민이라는 뜻의 Vasala를 비하하여 부르는 말.

아니요. 오, 존귀한 고타마여.
나는 천한 사람이나 천한 사람으로 만드는 것들을 알지 못하오. 존귀한 고타마가 천한 사람이나 천한 사람으로 만드는 것들을 잘 알아듣도록 가르쳐 보시요.

그러면 들어보시요. 오, 바라문이여. 주의깊게 들으시요. 내가 말하리다.
그러시요. 존귀한 분이여.
라고 불을 섬기는 바라드바자 바라문이 세존께 대답했다.
그러자 세존께서 이렇게 말씀하셨다.

화를 내고 반감을 품는 사람,
사악하고 위선적인 사람,
잘못된 소견을 옹호하는 사람,
남을 속이는 사람,
그를 천한 사람으로 아시요.

한 번 태어나든 두 번 태어나든,
이 세상의 살아있는 존재를 해치는 사람,
살아있는 것에 대한 자비심이 없는 사람,
그를 천한 사람으로 아시요.

마을이나 도시를 파괴하거나 포위하는 사람,
그리하여 적으로 알려진 사람,

그를 천한 사람으로 아시요.

마을에 있거나 숲에 있거나 간에,
남의 물건이나 주어지지 않은 것을
몰래 취하는 사람,
그를 천한 사람으로 아시요.

빚을 진 사람이,
'나는 당신에게 빚이 없소.'
라며 빚독촉에서 발뺌하는 사람,
그를 천한 사람으로 아시요.

하찮은 것에 집착하여 길가는 사람을 죽이고,
하찮은 것을 취하는 사람,
그를 천한 사람으로 아시요.

증인으로 부탁받았을 때,
자신을 위해, 또는 남을 위해, 또는 재물을 위해
거짓을 말하는 사람,
그를 천한 사람으로 아시요.

강제이거나 합의했거나 간에,
친구나 친척의 아내와 눈이 맞은 사람,

그를 천한 사람으로 아시오.

넉넉한 사람이
늙어서 힘이 없는 어머니 아버지를
돌보지 않는 사람,
그를 천한 사람으로 아시오.

어머니, 아버지, 형제, 자매, 또는 장모를
때리거나 말로써 구박하는 사람,
그를 천한 사람으로 아시오.

선한 것을 묻는데
악한 것을 가르쳐 주는 사람,
숨기려는 것을 까발리는 사람,
그를 천한 사람으로 아시오.

나쁜 짓을 저지르는 사람,
그러면서 '아무 말도 하지 마.'라고 하는 위선자,
그를 천한 사람으로 아시오.

남의 집에 가서 좋은 음식을 먹고,
그가 왔을 때에 대접하지 않는 사람,
그를 천한 사람으로 아시오.

바라문이나 사문, 다른 수행자를
거짓말로 속이는 사람,
그를 천한 사람으로 아시요.

끼니 때에 찾아온 바라문이나 사문에게
먹을 것을 주지 않고 말로써 구박하는 사람,
그를 천한 사람으로 아시요.

무명(無明)에 뒤덮여
이 세상에 있지도 않은 일을 예언하며,
하찮은 것을 탐내는 사람,
그를 천한 사람으로 아시요.

스스로를 높이며
다른 사람을 멸시하는 사람,
자존심으로 인해 비열해지는 사람,
그를 천한 사람으로 아시요.

남을 화나게 하는 사람,
그릇된 욕망을 가진 탐욕스러운 사람,
샘이 많고, 사악하고, 부끄러움 모르고, 죄짓는 것을 두려워하지 않는 사람,
그를 천한 사람으로 아시요.

누구든지 유랑하는 수행자나 재가수행자,
부처님이나 부처님 제자를 악담하는 사람,
그를 천한 사람으로 아시요.

성자가 못 되었으면서 성자인 체하는 사람,
범천의 세계를 포함하는 모든 세상에서 도둑인 사람,
그가 정말로 가장 낮은 불가촉천민이리니,
이러한 사람들이 진정 천한 사람이라 불리워진다오.

태어남에 의해 천민이 되는 것이 아니며,
태어남에 의해 바라문이 되는 것이 아니라오.
행(行)으로써 천민이 되고,
행(行)으로써 바라문이 된다오.

내가 아는 예를 그대에게 방편삼아 알려주리니, 마등가로 잘 알려진 카스트의 최하층민 전다라[58]가 있었다오.

이 마등가가 최고의 명예에 이르렀는데, 그러한 것은 매우 얻기 어려운 것이었소. 그래서 많은 찰리와 바라문들이 그를 섬기려고 하였소.

그는 신(神)의 수레[59]에 올라 티끌에서 벗어난 높은 길로 들어가, 감각

---

58   Kandâla. 전다라(旃茶羅). 찬달라. 불가촉천민의 한 가지. 계급이 다른 남녀, 또는 최상층 바라문 여자와 최하층 수드라 남자 사이에서 태어난 사람.
59   vehicle. 가르침의 방법을 뜻하는 승(乘), 또는 수레의 뜻.

적 욕망을 모두 버리고 범천의 세계로 갔다오.

그의 출생 신분도 범천의 세계에 다시 태어남을 막지 못했소. 한편 교사[60] 가문 출신으로 송가[61]를 벗삼는 바라문들이 있었소.

그들은 계속 잘못된 행위에 사로잡혔고, 그리하여 이 세상에서 비난을 받게 되었고, 다가오는 세상에서도 지옥에 있을 것이니, 출생 신분도 그들을 지옥이나 비난에서 구해낼 수 없었다오.

태어남에 의해 천민이 되는 것이 아니고,
태어남에 의해 바라문이 되는 것이 아니며,
행으로써 천민이 되고,
행으로써 바라문이 된다오.

이렇게 말씀하시자, 불을 섬기는 바라드바자 바라문이 세존께 다음과 같이 대답하였다.

뛰어나십니다. 오, 존귀하신 고타마이시여. 뛰어나십니다. 오, 존귀하신 고타마이시여.
넘어진 사람을 일으키듯이, 혹은 숨겨진 것을 드러내듯이, 혹은 잘못된 길을 가는 사람에게 길을 말해주듯이, 혹은 눈을 가진 사람이 사물을

---

60 preceptors. 교사(教師). 바라문교의 경전 베다(Veda)를 가르치는 사람.
61 hymns. 송가(頌歌). 베다(Veda)를 가리키는 다른 말.

볼 수 있도록 어둠 속에서 기름등불을 지니고 계시듯이, 놀랍게도 그렇게 존귀하신 고타마께서 여러 방편으로 법을 분명하게 보여주셨나이다. 저는 존귀하신 고타마에게서, 법에서, 승가에서 위안을 얻었으니, 저를 우바새[62]로 받아주시면, 이후 남은 평생 동안 귀의하겠나이다.

1-8. 자비

모든 존재를 향한 평화로운 마음과 선의(善意)는 찬양되어야 한다.

선(善)을 추구하는데 능숙한, 저 고요한 경지에 이르른 사람은 무엇을 행하든지 간에 올곧고, 양심적이고, 교만하지 않고, 상냥하고, 부드러운 말씨를 지닐 수 있도록 하라.

만족하라. 부양을 최소한으로 받으라. 약간의 돌봄만을 지니라. 안정된 감관(感官)으로 슬기롭게, 오만하지 않게, 탐욕 없이, 가족들의 부담을 줄이라.

지혜로운 사람들이 나무랄지도 모를 좋지 않은 짓을 하지 말라. 모든 존재들을 행복하고 안전하게 하라. 행복한 마음을 갖게 하라.

---

62 upâsaka. 청신사(清信士). 우바새. 불교에 귀의하여 집에서 수행하는 남자 신도.

살아있는 존재가 미약하거나, 굳세거나, 길거나 크거나, 어중간하거나 짧거나, 작거나 크거나 간에 무엇이든 모두, 보이거나 보이지 않거나, 멀리 살거나 가까이 살거나, 태어났거나 태어나려 하거나 간에 모두, 모든 생명체가 행복한 마음을 갖게 하라.

다른 사람을 속이지 말라. 어떤 장소에서든 멸시하지 말라. 분노하거나 분개한 마음에 젖어 다른 사람 해치기를 원하지 말라.

어머니가 목숨 걸고 아이를 지키듯, 그렇게 모든 존재를 향한 한량없는 마음을 가꾸라.

온 세상을 향해 위로, 아래로, 가로 걸쳐, 막힘없이, 증오함 없이, 적대감 없이, 한량없는 마음, 선의를 베풀기에 힘쓰라.

서거나, 걷거나, 앉거나, 눕거나 간에 깨어있는 동안은 이러한 마음에 자신을 쏟아부으라. 이러한 삶이 이 세상에서 최선이리니.

견해에 얽매이지 않는, 지견(知見)을 갖춘 고결한 사람, 감각적 즐거움을 위한 탐욕을 버렸으니 결코 다시는 모태에 들지 않으리.

1-9. 히말라야

부처님의 품격에 관한 두 야차(夜叉)[63] 사이의 대화.
두 야차가 부처님께 가서 질문에 대한 대답을 들은 뒤, 일천 명의 야차들과 함께 부처님의 권속이 되었다.

오늘은 보름날, 금식하는 날[64]. 아름다운 밤이 왔도다.
라고 칠악야차(七岳叉夜)[65]가 말했다.
이름난 스승 고타마를 뵈러 가자.

그런 분의 마음은 모든 존재들을 좋게 생각하실까.
라고 설산야차(雪山夜叉)[66]가 말했다.
그의 생각이 원하거나 원하지 않는 것에 대해서도 다스려질까.

그의 마음은 모든 존재들을 좋게 생각하고 있다. 그와 같은 분의 마음은.
라고 칠악야차가 말했다.
그의 생각은 원하는 것이나 원하지 않는 것에 대해 잘 다스려지고 있다.

주어지지 않은 것을 취하지는 않을까.
라고 설산야차가 말했다.

---

63 Yakkha 또는 Yaka의 음역. 약차(藥叉). 두억시니. 힌두교에서는 북방 산악지대에 사는 사람을 잡아먹는 귀신. 불교에서는 불법을 수호하는 팔부중(八部衆)의 하나. 또는 북방 다문천왕(多聞天王)의 권속.
64 a fast day. 금식일(禁食日). 재일(齋日). 포살(布薩)하는 날의 뜻으로 쓰였다.
65 Yakkha Sâtâgira. Sâtâgira는 일곱 개의 산, 즉 칠악(七岳)의 뜻. Yakkha는 야차.
66 Yakkha Hemavata. 설산(雪山)에 사는 사람의 뜻. Hemavata는 히말라야.

1. 기어다니는 것의 장[Uraga-vagga]

살아있는 존재에 대해 자제함이 있을까. 부주의함과는 거리가 멀까. 명상을 포기하지는 않을까.

주어지지 않은 것은 취하지 않는다.
라고 칠악야차가 말했다.
살아있는 존재에 대해 자제함이 있고, 부주의함과는 거리가 멀다. 부처님은 명상을 포기하지 않는다.

거짓되이 말하지 않을까.
라고 설산야차가 말했다.
모진 말을 하는 사람이 아닐까. 모략하는 말을 하지 않을까. 허튼소리를 하지 않을까.

거짓되이 말하지 않는다.
라고 칠악야차가 말했다.
모진 말을 하는 사람이 아니고, 모략하는 말을 하지 않으며, 분별력 있게 분별있는 말을 한다.

감각적 즐거움에 빠져들지 않을까.
라고 설산야차가 말했다.
마음이 방해받지 않을까. 어리석음을 극복했을까. 사물을 분명하게 볼까.

감각적 즐거움에 빠지지 않았다.

라고 칠악야차가 말했다.

마음이 방해받지 않으며, 모든 어리석음을 극복했다. 부처님은 사물을 분명하게 보고 계신다.

지혜를 지니고 있을까.
라고 설산야차가 말했다.
행실이 청정할까. 열정이 깨뜨려졌을까. 새로 태어남이 없을까.

지혜를 지니고 계신다.
라고 칠악야차가 말했다.
행실은 청정하고, 모든 열정은 깨뜨려졌으며, 새로 태어남도 없다.

성인의 마음은 행동과 말로써 성취되었다. 지(智)와 행(行)을 성취하신 분, 고타마를 뵈러 가자.

가자, 고타마를 뵈오러.
사슴의 다리를 가지신 분, 여위신 분, 슬기로우신 분, 적은 음식으로 사시는 분, 욕심내지 않으시는 분, 숲에서 명상하는 성자.

홀로 가는 사람들, 감각적 즐거움을 찾지 않는 사람들, 그들 가운데의 사자(獅子)이신 그분께 가서 죽음의 덫에서 구제되는 것에 대해 물어보자.

고타마에게 물어보자.

1. 기어다니는 것의 장[Uraga-vagga]

설교자, 해설자, 모든 사물을 꿰뚫으신 분.
증오와 공포를 넘어서신 분, 부처님.

세상은 어떻게 시작되었습니까.
라고 설산야차가 말했다.
세상은 무엇과 친합니까. 세상은 무엇 때문에 괴로우며, 무엇에 사로잡혀 있습니까.

여섯 가지에서 세상이 비롯되었다네. 오, 설산야차여.
라고 세존께서 말씀하셨다.
여섯 가지와 친하고, 여섯 가지로 세상을 괴로워하며, 여섯 가지에 사로잡혀 있다네.

설산야차가 말했다.
세상을 괴로워하는 그 집착이 무엇입니까.
구원에 대해 여쭙나니, 사람이 어떻게 괴로움에서 풀려날지를 말씀해 주십시오.

세존께서 말씀하셨다.
세상에 다섯 가지의 감각의 즐거움이 있는데, 그 여섯 번째가 마음의 즐거움이라네. 이러한 욕망 그 자체를 벗어던지면, 사람은 그에 따라 괴로움에서 풀려난다네.

세상에서의 이 구원을 그대에게 사실대로 말했고, 이를 그대에게 말하노니, 이리하여 사람이 괴로움에서 풀려난다네.

설산야차가 말했다.
이 세상에서 누가 강물을 건널 수 있습니까.
이 세상에서 누가 바다를 건널 수 있습니까.
발도 닿지 않고 지탱할 것도 없는 깊은 곳에서 누가 가라앉지 않겠습니까.

세존께서 말씀하셨다.
항상 계율[67]을 지니고, 깨달음을 갖추고, 잘 다스리고, 스스로의 내면을 성찰하고, 사려가 깊은 사람, 그는 건너기 어려운 강물을 건넌다네.

감각적 즐거움을 혐오하는 사람, 모든 속박과 파멸적 환희를 이겨낸 사람, 그러한 사람은 깊은 곳으로 가라앉지 않는다네.

설산야차가 말했다.
심오한 깨달음을 지니고 미묘한 것을 보면서, 아무것도 소유하지 않고 감각적 즐거움에 집착하지 않는 사람, 모든 면에서 자유롭게 벗어난 사람, 위대한 대선인, 신성한 길을 걷는 그를 보시라.

위대한 이름을 얻고, 미묘한 것을 보고, 깨달음을 전하는 사람, 감각적 즐거움의 세계에 연연하지 않고, 모든 것을 아는 사람, 지혜로운 사람,

---

67 virtue. '덕(德)', 덕성(德性)의 뜻. 불가에서는 계(戒), 계율(戒律)을 나타낸다.

위대한 대선인, 숭고한 길을 걷는 그를 보시오.

정말 오늘 우리는 좋은 광경, 좋은 새벽, 아름다운 일출을 만났는데, 완벽하게 깨달으신 분, 강을 건너 열정에서 자유로워진 분을 뵈었기 때문입니다.

초자연적인 힘과 명성을 지닌 여기 일천 명의 야차, 그들이 모두 당신께 귀의하오니, 당신은 비할 데 없는 우리의 스승이십니다.

우리는 이 마을 저 마을, 이 산 저 산을 돌아다니며, 완벽한 깨달음을 지니신 분과 완벽한 법을 지니신 분을 경배하겠습니다.

1-10. 넓은 들

광야야차(曠野夜叉)[68]가 먼저 부처님을 위협했고, 그 다음에 몇 가지 질문을 던졌는데, 부처님께서 대답을 하셨다. 그리하여 광야야차가 귀의하였다.

그렇게 나는 들었다.

---

68 The Yakkha Âlavaka. Âlavaka는 넓은 들판의 뜻.

어느 때에 세존께서 광야야차의 영역에 있는 알라위[69]에 머무셨다. 그때 광야야차가 세존이 머무시는 곳을 찾아갔는데, 거기에 가서 세존께 이렇게 말했다.

나오라. 오, 사문이여.
알겠소. 오, 친구여.
라고 말씀하시면서 세존께서 나오셨다.
들어가라. 오, 사문이여.
알았소. 오, 친구여.
라고 말씀하시면서 세존께서 들어가셨다.

두 번째로 광야야차가 세존께 이렇게 말했다.
나오라. 오, 사문이여.
알겠소. 오, 친구여.
라고 말씀하시면서 세존께서 나오셨다.
들어가라. 오, 사문이여.
알았소. 오, 친구여.
라고 말씀하시면서 세존께서 들어가셨다.

세 번째로 광야야차가 세존께 이렇게 말했다.
나오라. 오, 사문이여.

---

69 Âlavî. 고대 인도의 작은 왕국. 또는 그 나라 도시의 이름.

알겠소. 오, 친구여.
라고 말씀하시면서 세존께서 나오셨다.
들어가라. 오, 사문이여.
알았소. 오, 친구여.
라고 말씀하시면서 세존께서 들어가셨다.

네 번째로 광야야차가 세존께 이렇게 말했다.
나오라. 오, 사문이여.
나는 나가지 않을 것이네. 오, 친구여. 그대는 그대 할 일이나 하시게.
그대에게 묻겠다. 오, 사문이여.
만일 그대가 대답하지 못하면, 그대의 생각을 흩트리거나, 심장을 반으로 쪼개거나, 아니면 그대의 발을 잡아 갠지스강[70] 저편으로 집어던지겠다.

나는 알지 못한다네. 오, 친구여.
이 세상이나 천신, 악신, 범천의 세상에서, 신과, 인간과, 사문과, 바라문을 모아놓은 가운데에서, 어느 누가 나의 생각을 흩어지게 하거나, 나의 심장을 반으로 쪼개거나, 나의 발을 잡아 갠지스강 저편으로 집어던질 수 있는가를.
그렇지만 물어보게나. 오, 친구여. 무엇이든 그대 좋을 대로.

그리하여 광야야차가 세존께 사행시로써 말했다.

---

70 Gangâ. 항하(恒河). 즉 오늘날의 갠지스강.

이 세상에서 사람에게 가장 좋은 재산이 무엇인가.
무엇을 잘해야 행복을 가져올 수 있는가.
달콤한 것 중에서 정말로 가장 달콤한 것이 무엇인가.
어떻게 살아야 최상의 삶이라 할 수 있는가.

세존께서 말씀하셨다.
믿는 마음이 이 세상에서 사람에게 가장 좋은 재산이라네.
법을 잘 관찰하면 행복을 가져올 수 있으며,
진리는 정말로 모든 것 가운데 가장 달콤한 것이며,
깨달음으로써 살아가는 그러한 삶을 최상이라 한다네.

광야가 말했다.
어떻게 강물을 건너는가.
어떻게 바다를 건너는가.
어떻게 괴로움을 정복하는가.
어떻게 청정하게 되는가.

세존께서 말씀하셨다.
신심(信心)으로써 강물을 건너고
열심(熱心)으로써 바다를 건너고
용맹정진으로써 괴로움을 정복하고
깨달음으로써 청정하게 된다네.

광야가 말했다.

어떻게 깨달음을 얻는가.
어떻게 부(富)를 얻는가.
어떻게 명성을 얻는가.
어떻게 친구를 묶는가.
어떻게 해야 저 세상으로 떠나는 것을 슬퍼하지 않겠는가.

세존께서 말씀하셨다.
열반을 성취한 존귀한 분들의 법을 믿는 사람은
열심히 그리고 분별력 있게,
듣고자 하는 소망으로
깨달음을 얻을 것이라네.

올바른 것을 행하는 사람,
멍에를 벗으려 스스로 노력하는 사람,
그는 부(富)를 얻을 것이고, 진리로써 명성을 얻을 것이며,
자비롭게 되어 벗들이 떠나지 않을 것이라네.

신실한 사람, 재가수행자의 삶을 이끌어가는 사람,
진리, 정의, 견고함, 관대함,
이 네 가지의 법을 지닌 사람,
그러한 사람은 진실로 이 세상을 떠나도 슬퍼하지 않는다네.

다른 사문이나 바라문들에게

간절하게, 그리고 두루 폭넓게 물어보라.
진리, 자제, 관대함, 관용보다 더 위대한 것을
이 세상에서 찾을 수 있는지 없는지를.

광야가 말했다.
제가 이제 무엇하러 사문이나 바라문들에게 두루 폭넓게 묻겠습니까.
저는 제 앞날에 무엇이 좋은 것인지 이제 알았습니다.

훌륭하신 부처님께서 알라위에 머무시려고 오신 까닭에, 이제 저는 제게 주신 선물이 어디에서 위대한 과보를 맺을지를 알았습니다.

저는 마을에서 마을로, 도시에서 도시로 돌아다니며, 완벽하게 깨우치신 분, 그리고 완벽한 법이신 분을 경배하겠습니다.

1-11. 승리

인체의 쓸모없음에 대한 성찰.
부처님을 따르는 사람들은 단지 있는 그대로의 육신을 보며, 그렇게 하여 열반으로 들어간다.

만일 걷거나, 서거나, 앉거나, 눕거나 간에, 어느 하나라도 수축되거나

이완된다면, 이것은 신체의 동작이다.

뼈와 힘줄로 이루어지고, 막(膜)과 살집으로 덧발라지고, 살갗으로 씌워진 육신은 있는 그대로 보여지지 않는다.

그것은 창자, 위, 간덩어리, 복부, 염통, 허파, 콩팥, 지라로 채워져 있다.

점액, 침, 땀, 림프, 피, 관절을 부드럽게 하는 유체, 담즙 그리고 지방과 함께.

그다음 아홉 줄기의 노폐물이 항상 흘러나오는데, 눈에서는 눈곱, 귀에서는 귀지,

코에는 콧물, 입을 통해 담(痰)을 뱉기도 하고 가래를 뱉기도 하고, 몸에서는 땀과 때가 나온다. 그 다음 머릿속 공간은 뇌로 채워진다.

무명에 이끌리는 어리석은 사람들은 그런 것이 좋은 것이라 생각한다.

그런데 묘지에 버려져 검푸르게 퉁퉁 부어 주검으로 누워있으면 친척도 돌보지 않는다.

개들이 뜯어 먹고, 재칼[71], 늑대, 구더기, 까마귀, 독수리 그리고 거기

---

[71] 중앙아시아, 인도, 중동, 아프리카에 서식하는 개과 동물. 늑대보다 몸집이 작고, 개나 승냥이와 비슷한 크기이다.

사는 다른 생명체들이 뜯어 먹는다.

이 세상에서의 깨달음을 지닌, 부처님 말씀에 귀를 기울이는 비구들은 확실하고 철저하게 그것을 안다. 있는 그대로 보기 때문이다.

이 세상의 살아있는 사람들도 그렇게 저 세상의 주검이 될 것이고, 이승이 그렇게 저승이 될 것이니, 사람들이여, 육신의 욕망을 치워버리라. 안의 것이든 밖의 것이든 모두 다.

욕망과 집착을 물리친, 그리하여 이 세상에서의 깨달음을 지닌 그러한 비구는 불멸의 평화로움, 열반의 불퇴전의 경지에 들어갔다.

두 발이 달린 이 몸은 소중하게 여겨지지만, 그러나 불결한, 좋지 않은 냄새를 풍기는 갖가지 악취들로 가득차서 여기저기 새어나온다.

그러한 스스로의 육신을 대단하다고 생각하거나 다른 사람의 육신을 멸시하는 사람, 이들이 눈먼 사람이 아니면 달리 무엇인가.

1-12. 성자

성자의 의미.

친밀함에서 두려움이 일어나고, 가정생활로부터 번뇌가 일어난다.
집을 떠난 사람의 상태, 친밀함에서 벗어난 자유로움, 이것이 진실로
성자의 관점이다.

죄업을 잘라낸 후 뿌리내리지 못하게 하고, 그를 향해 달려들어도 무너지지 않는 사람, 혼자서 가는 그를 성자라고 부르는데, 그런 위대한 대선인은 평화로움의 경지를 알고 있다.

원인을 곰곰이 생각하여 씨앗을 제거하고, 욕망에 무너지도록 놓아두지 않는, 탄생과 소멸의 끝을 아는 성자는 추론(推論)[72]을 영원히 떠나 세상의 무리에 들어가지 않는다.

모든 안식처를 꿰뚫어 어느 곳도 원하지 않으며, 탐욕과 탐욕스러움에서 자유로운 성자는 저편 언덕에 도달한 까닭에 안식처를 챙기지 않는다.

모든 것을 이겨내고, 모든 것을 알고, 훌륭한 깨달음을 지니고, 모든 면에서 더럽혀지지 않고, 모든 것을 버리어 욕망의 파멸에서 벗어난 사람, 그를 현명한 사람들은 성자라고 부른다.

---

72 reasoning. 추론(推論) 또는 추정(推定)의 뜻인데, 범어 anumāna의 영역(英譯)이다. 한글로는 대개 비량(比量)이라고 번역된다. 인도철학에서 지식을 얻는 세 가지 방법 가운데 하나이다. 첫째는 직접적인 지각이나 인식을 뜻하는 pratyakṣa, 즉 현량(現量)이고, 둘째는 권위 있는 가르침을 뜻하는 śabda, 즉 성언량(聖言量)이고, 세 번째가 이미 아는 사실을 바탕으로 추리하는 가설적 지식인 anumāna, 즉 비량(比量)이다. 여기에서는 전문적 용어 대신에 추론(推論)이라고 하는 일반적 용어를 선택하였다. 이하 같다.

깨달음의 힘을 가지고, 계와 행을 지니고, 침착하고, 명상을 즐기고, 사려깊고, 인연으로부터 자유롭고, 완고함으로부터 자유롭고, 열정으로부터 자유로운 사람, 그를 현명한 사람들은 성자라고 부른다.

홀로 가는 성자, 정진하는 사람, 작은 소리에 놀라지 않는 사자처럼, 그물에 걸리지 않는 바람처럼, 물에 더럽혀지지 않는 연꽃처럼, 비난이나 칭찬에 흔들리지 않는 사람, 다른 사람을 이끌면서도 다른 사람에게 이끌리지 않는 사람, 그를 현명한 사람들은 성자라고 부른다.

목욕장의 기둥처럼 견고하고, 변재(辯才)를 인정받은 사람, 열정으로부터 자유롭고, 잘 다스려진 감관을 갖춘 사람, 그런 사람을 현명한 사람들은 성자라고 부른다.

똑바로 나는 베틀북처럼 견고하고, 사악한 행동을 혐오하고, 정당한 것과 정당하지 않은 것을 성찰하는 사람, 그를 현명한 사람들은 성자라고 부른다.

스스로 절제하여 악을 행하지 않는, 젊거나 중년 나이의 성자, 스스로의 감정을 조절하고, 다른 사람을 화나게 하지 않고, 다른 사람이 화를 돋우지 않는 사람, 그를 현명한 사람들은 성자라고 부른다.

다른 사람이 주는 것으로 사는 사람, 잘사는 집이나 괜찮게 사는 집에서 주는 밥덩이, 먹다 남은 것을 받으면서도 고맙다거나 너무한다는 말을 하지 않는 사람, 그를 현명한 사람들은 성자라고 부른다.

성교(性交)를 끊어내고 만행하는 성자, 젊은 시절에도 그러한 것에 구속되지 않은 사람, 무모한 자존심을 끊어내어 자유롭게 벗어난 사람, 그를 현명한 사람들은 성자라고 부른다.

세상을 꿰뚫은, 최상의 진리를 보는 사람, 강물과 바다를 건너 모든 인연을 끊어낸 사람, 홀로 선 사람, 열정으로부터 자유로운 사람, 진실로 그를 현명한 사람들은 성자라고 부른다.

삶과 생업의 두 양상은 아주 달라서 같지 않다. 재가수행자들은 아내를 거느리면서도 사심없이 계율을 지키는 사람이다. 재가수행자들은 다른 살아있는 생명체를 해치는 것에 거리낌이 없지만, 그러나 성자는 늘 살아있는 생명체를 보호하고 조심한다.

그러나 푸른 목에 벼슬 달린 새가 백조의 매끈함에 결코 미치지 못하듯, 재가수행자들 역시 숲에서 명상하는 비구나 은둔한 성자와는 같지 않다.

2. 나아가는 것의 장[Kula-vagga]

2-1. 보배

모든 중생[73]들에 대한 제도(濟度)는 오직 불법승[74]에서만 찾아질 수 있다.

땅에서 살거나 공중에서 살거나 간에 여기에 모여든 정령들, 모든 정령들을 행복하게 하리니, 말씀에 주의깊게 귀를 기울이라.

오, 정령들이여. 그대들 모두 유념하라.
밤낮으로 공양물을 가져오는 인간 종족에게 친절함을 보이라. 그들을 열심히 보호하라.

이승에 있는 부(富)이든, 저승에 있는 부이든, 또는 천상의 뛰어난 보배이든, 정말로 여래(如來)와는 견주지 못하네.
이 뛰어난 보배가 부처님께 있으니, 이 진리를 따르면 제도됨이 있으리.

---

73 beings. 살아있는 존재를 가리키는 말. 불가에서는 일체중생(一切衆生)의 뜻.
74 Buddha, Dhamma, and Sangha. 부처와 불법과 승단. 불법승(佛法僧) 삼보(三寶).

열정의 소멸, 열정에서 벗어난 자유, 석가모니께서 성취하여 이루신 뛰어난 불멸성, 그 법에 견줄 것이 아무것도 없네.
이 뛰어난 보배가 법에 있으니, 이 진리를 따르면 제도됨이 있으리.

무상의 부처님께서 찬양하신 청정함, 쉬지 말라 말씀하신 명상, 이와 같은 명상은 없다네.
이 뛰어난 보배가 법에 있으니, 이 진리를 따르면 제도됨이 있으리.

의로운 사람이 칭찬한 여덟 사람, 이들이 네 쌍[75]을 이루니, 그들은 마땅히 공양을 받을 만한 선서(善逝)의 제자들, 이들에게 주어진 것은 큰 과보를 맺는다네.
이 뛰어난 보배가 승가에 있으니, 이 진리를 따르면 제도됨이 있으리.

견고한 마음으로 스스로를 열심히 닦으면서, 고타마의 가르침으로 욕망에서 자유로워진 사람들, 불멸의 세계에 들어가 가장 높은 열매를 구한 사람들, 아무런 댓가 없이 행복을 즐긴다네.
이 뛰어난 보배가 승가에 있으니, 이 진리를 따르면 제도됨이 있으리.

성문 앞 기둥이 대지 위에 굳건하여 사방의 바람에 흔들리지 않듯, 고결한 진리를 꿰뚫어 분명하게 보시는 분, 그와 같은 분이 의로운 사람이라고 나는 분명하게 말하네.

---

[75] The eight persons four pairs. 네 쌍의 여덟 사람. 사쌍팔배(四雙八輩), 성문사과(聲聞四果). 수행의 단계를 말하는 수다원, 사다함, 아나함, 아라한의 사향사과(四向四果)를 가리키는 말.

이 뛰어난 보배가 승가에 있으니, 이 진리를 따르면 제도됨이 있으리.

깊은 지혜를 가진 사람에게 가르침을 잘 받아 고결한 진리를 깨달은 사람들, 마음이 심하게 흐트러진다 해도 여덟 번째 생(生)[76]을 받지는 않으리.
이 뛰어난 보배가 승가에 있으니, 이 진리를 따르면 제도됨이 있으리.

정견(正見)의 환희에 이르면[77] 세 가지를 떠나는데, 자만과 의혹, 그리고 그가 지녔던 계와 행이라네. 또한 네 곳의 지옥에서 풀려나고, 여섯 가지의 치명적인 죄를 저지르지 않는다네.
이 뛰어난 보배가 승가에 있으니, 이 진리를 따르면 제도됨이 있으리.

몸이나 말이나 생각으로 그릇된 행위를 저지르면 감출 수가 없는데, 경지에 이른 사람에게는 감추는 것이 불가능하기 때문이네.
이 뛰어난 보배가 승가에 있으니, 이 진리를 따르면 제도됨이 있으리.

여름철 첫 더위에 나뭇가지 끝에서 꽃이 피어나듯, 그렇게 뛰어난 법을 가르쳐 가장 이로운 곳, 열반으로 이끄시네.
이 뛰어난 보배가 부처님께 있으니, 이 진리를 따르면 제도됨이 있으리.

---

76   the eighth birth. 팔생(八生). 고대 인도에서는 사람이 죽으면 미혹의 세계인 현세에 끊임없이 윤회한다고 하는데, 불가에서는 사쌍팔배의 수다원과에 이르면 현세에 일곱 번 다시 태어날 뿐이고, 여덟 번째의 생(生)은 없다고 한다.

77   On his bliss of view. '견해의 더없는 즐거움에 관하여'의 뜻. 여기서 view는 올바른 견해, 즉 정견(正見)을 말한다. bliss는 '천상의 더없는 즐거움'인데, '법을 깨달은 자의 환희 또는 희열'을 가리킨다.

2. 나아가는 것의 장[Kula-vagga]

뛰어난 것을 알고, 뛰어난 것을 주고, 뛰어난 것을 가져오는 뛰어난 사람, 뛰어난 법을 가르치는 견줄 데 없는 사람.
이 뛰어난 보배가 부처님께 있으니, 이 진리를 따르면 제도됨이 있으리.

현생을 깨뜨리고 내생(來生)이 일어나지 않도록 미래의 존재를 역겨워하는 사람들, 현명한 사람은 존재의 씨앗을 깨부수고 욕망이 자라지 않도록 등불처럼 꺼버린다네.
이 뛰어난 보배가 승가에 있으니, 이 진리를 따르면 제도됨이 있으리.

땅에서 살거나 공중에서 살거나 간에 여기에 모여든 정령들, 신과 인간들이 우러러 받드는 완벽하신 분, 부처님을 경배하라. 제도됨이 있으리.

땅에서 살거나 공중에서 살거나 간에 여기에 모여든 정령들, 신과 인간들이 우러러 받드는 완벽하신 분, 부처님을 경배하라. 제도됨이 있으리.

땅에서 살거나 공중에서 살거나 간에 여기에 모여든 정령들, 신과 인간들이 우러러 받드는 완벽하신 분, 부처님을 경배하라. 제도됨이 있으리.

2-2. 비린 것

나쁜 마음과 사악한 행위는 사람을 더럽히는 것이다. 외형적인 준수

만으로는 청정하게 할 수 없다.

아마간다[78] 바라문
피[79], 해바라기씨[80], 산에서 자생하는 콩[81], 화엽과(和葉果)[82], 뿌리열매[83], 넝쿨열매[84]를 먹는 사람들, 올바른 것을 올바르게 얻으면서 거짓을 말하지 않고, 감각적 즐거움도 바라지 않는다네.

다른 사람이 주는, 잘 준비되고 잘 지어진 것, 깨끗하고 좋은 것을 먹는 사람, 쌀로 만든 음식을 즐겨 먹는 사람, 오, 가섭[85]이여. 비리도다.

---

78 Âmagandha. 물고기 비린내 또는 짐승고기 누린내를 가리키는 말.
79 sâmâka. 《한역 남전대장경(漢譯南傳大藏經)》에 수록된 운암(雲庵)의 경집(經集) '이하 운암'에서는 직(稷), 곧 작물의 일종인 '피'라고 하였고, 곽양균(郭良鋆)의 1999년 간체본 번역 '이하 곽양균'에서는 사마가(娑摩迦)라는 식물의 이름이라 하였다. PTS에서는 'a kind of millet(Panicum frumentaceum)'라고 하였다. millet은 수수나 기장을 말하고, Panicum frumentaceum은 곡물의 일종인 '피'의 학술명이다. 대산각법선림(大山脚法禪林) '이하 대산선림'의 한역(漢譯)에서는 '娑摩迦(芝麻, 栗粟類)'라 하였다. 芝麻는 참깨, 들깨 등을 말하고, 栗粟類는 좁쌀이나 밤의 종류를 말한다.
80 kingûlaka. 운암은 단순히 '穀物'이라 하였다. 곽양균은 '金古羅迦'라고 하였고, 대산선림에서는 '金古羅迦(瓜子類)'라고 하였다. 瓜子類는 수박이나 호박, 해바라기 등의 씨앗이다.
81 kînaka. 운암은 '支那豆'라 하였고, 곽양균은 '支那迦'라 하였다. 대산선림에서는 支那迦(山上的豆類), 즉 산에서 자생하는 콩의 종류라고 하였다.
82 pattaphala. 운암은 '葉果'라 하였고, 곽양균은 '和葉果', 대산선림은 '和葉果'라 하였다. 和葉果에 대해서는 알 수 없다. 아마도 '잎사귀가 있는 열매'를 말하는 듯하다.
83 mulaphala. 운암, 곽양균, 대산선림 모두 '根果'라고 하였다. 감자, 고구마 등의 '뿌리열매'를 말하는 듯하다.
84 gaviphala. 운암은 '蔓果物', 곽양균과 대산선림은 '藤果'라 하였다. 넝쿨식물의 열매이다.
85 Kassapa. 가섭(迦葉). 석가모니의 제자. 두타제일로 불리우던 사람.

'비린 것은 나에게 적용되지 않는다.'라고 그대는 말하지만, 오, 바라문이여, 잘 요리된 신선한 새의 고기와 쌀로 된 음식을 즐기는구려. 오, 가섭이여. 그대의 온갖 종류의 비린 것, 이것의 의미에 대해 묻고 있다네.

가섭
살아있는 존재를 파괴하는 것, 죽이는 것, 자르는 것, 속박하는 것, 훔치는 것, 거짓을 말하는 것, 사기와 속임수, 쓸데없는 책을 읽는 것, 다른 사람의 아내와 간통하는 것. 이것이 비린 것이지, 살코기 먹는 것이 아니라네.

이 세상에서 감각적 즐거움을 자제하지 않고, 달콤한 것을 탐내고, 부도덕하고, 회의적이고, 옳지 않고, 따르기 어려운 것들과 어울리는 사람들. 이것이 비린 것이지, 살코기 먹는 것이 아니라네.

난폭하고, 가혹하고, 남말 하고, 기만적이고, 무자비하고, 오만하고, 어느 누구에게도 어떠한 것도 베풀지 않는 속좁은 사람들. 이것이 비린 것이지, 살코기 먹는 것이 아니라네.

화내고, 흥분하고, 강퍅하고, 편협한 것, 속임수, 시샘, 호언장담, 오만, 자만심, 옳지 않은 사람과 사귀는 것. 이것이 비린 것이지, 살코기 먹는 것이 아니라네.

빚을 갚지 않는 사악한 사람들, 남을 중상하는 사람들, 거래를 속이는 위조꾼과 같은 사람들, 죄를 저지르며 사는 이 세상의 가장 비천한 사람들. 이것이 비린 것이지, 살코기 먹는 것이 아니라네.

살아있는 생명체에 대해 자제하지 않는, 다른 사람의 것을 빼앗고 해치는 것에 열을 올리는, 사악하고, 잔인하고, 가혹하고, 무례한 이 세상의 사람들. 이것이 비린 것이지, 살코기 먹는 것이 아니라네.

살아있는 것을 탐하는 잡것들, 적대적이고 불쾌한 것들, 이런 것에 열을 올리다가 죽으면 어둠에 들어가 머리를 거꾸로 처박고 지옥으로 떨어지는데, 이것이 비린 것이지, 살코기 먹는 것이 아니라네.

물고기도 아니고, 단식도 아니고, 벌거숭이도 아니고, 삭발도 아니고, 산발도 아니고, 때도 아니고, 거친 피부도 아니고, 불의 숭배도 아니고, 이 세상에서의 여러 불멸의 고행도 아니고, 송가도 아니고, 봉납물도 아니고, 희생제[86]도 아니고, 시제(時祭)도 아니니, 어느 것도 의혹을 떨치지 못한 필멸의 존재를 청정하게 하지 못한다네.

지혜로운 사람은 감각을 다스리고, 감각을 정복하고, 법 안에 견고하게 서고, 올바르고 온화한 것을 즐기며 만행하는데, 모든 인연을 극복하고, 모든 괴로움을 떠나고, 보고 들었던 것에 연연하지 않는다네.

86　sacrifice. 희생물(犧牲物). 희생제(犧牲祭). 고대 인도의 바라문교에는 말을 죽여서 지내는 마제(馬祭), 사람을 죽여 지내는 인신제(人身祭), 나뭇가지나 막대기를 던져 제단을 쌓는 척봉제(擲棒祭) 또는 척곤제(擲棍祭), 환각작용이 있는 신주(神酒) soma를 바치는 소마제(蘇摩祭) 등이 있었다.

세존께서 이 내용을 반복하여 설하셨고, 송가를 성취한 사람은 그것을 이해하였는데, 번뇌로부터 자유로운, 홀로 선, 뒤좇기 어려운 성자께서 다채로운 운문으로 분명하게 밝히신 것이다.

부처님께서 잘 설하신 말씀을 듣고, 번뇌로부터 자유로워져 모든 괴로움을 떠나보낸 사람, 그는 겸손한 마음으로 여래(如來)께 경배하였고, 즉시 계를 받았다.

2-3. 부끄러움

진실한 우정에 관하여.

겸손을 경멸하여 정도가 지나친 사람,
누군가가 '나는 친구일세.'라고 말해도
마땅히 해야 할 일을 하지 않는 사람,
그를 알라. '그는 나의 친구가 아니다.'

친구에게 실속없이 좋은 말을 늘어놓는 사람,
지혜로운 사람은 알고 있다네.
말뿐이고 아무것도 하지 않는다는 것을.

늘 무언가 수상쩍어하며
열심히 결점을 찾아내는 사람,
그는 친구가 아니라네.
그러나 같은 품 안에서 자랐다면,
정말로 남이 갈라놓지 못할 친구라네.

과보(果報)를 바라는 사람,
그는 인간의 굴레를 짊어진 채,
기쁨을 낳는 힘
칭찬을 가져오는 즐거움을 일군다네.

호젓함과 평온함의 단맛을 본 사람
법의 단맛을 들이켜면서
두려움에서 벗어나고
죄악에서도 벗어나게 된다네.

2-4. 크나큰 축복

부처님이 한 천신(天神)에게 최상의 축복에 대해 밝히셨다.

그렇게 나는 들었다.

어느 때에 세존께서 사위성 제다숲의 급고독장자의 원림에 머물고 계셨다.
그때 한밤중이 다 지나갈 무렵, 아름다운 용모의 천신이 온 제다숲를 두루 비추면서 세존께 다가와 절하고는 한쪽에 비켜섰는데, 비켜선 채로 그 천신이 사행시로 세존께 말씀을 올렸다.

많은 신들과 사람들이
축복을 찾고
행복을 갈망하오니,
당신께서 최상의 축복을 말씀해 주십시오.

세존께서 말씀하셨다.
어리석은 사람을 사귀지 말고
슬기로운 사람을 사귀며,
경배되어야 할 사람을 경배하는 것,
이것이 최상의 축복이라네.

적절한 곳에서 살고,
전생에서부터 선행을 하고,
스스로를 철저하게 성찰하는 것,
이것이 최상의 축복이라네.

훌륭한 학식과 실력,
잘 익혀진 계율,

잘 설해지는 말,
이것이 최상의 축복이라네.

어머니와 아버지를 섬기는 것,
자식과 아내를 보호하는 것,
그리고 평온한 생업,
이것이 최상의 축복이라네.

보시를 하는 것,
경건하게 사는 것,
권속을 보호하는 것,
비난받지 않는 행위.
이것이 최상의 축복이라네.

죄짓는 것을 멈추거나 삼가하는 것,
취하게 하는 음료를 멀리하는 것,
법 안에서의 인욕.
이것이 최상의 축복이라네.

경배와 겸손,
자족과 감사,
건기(乾期)[87]가 되면 법에 대해 듣는 것.

---

87   due seasons. '마땅한 계절'. 여기에서는 '건기(乾期)'의 뜻이다. 인도에서 수행자들은 우기에는 안거에 들어가지만 건기에는 활발하게 활동하므로 대중들도 설법을 들을 수 있었다.

이것이 최상의 축복이라네.

인내와 기분 좋은 말,
사문과의 교류,
건기가 되면 경건한 대화.
이것이 최상의 축복이라네.

고행과 금욕,
고결한 진리에 대한 통찰,
그리고 열반에 대한 깨달음.
이것이 최상의 축복이라네.

세상사에 부딪쳐도 마음이 흔들리지 않는 사람,
슬픔에서 벗어나고 번뇌에서 벗어난
편안한 사람.
이것이 최상의 축복이라네.

그렇게 하면서,
어떤 경우에도 물러서지 않고,
어느 곳에서나 안전하게 살아가는 사람들.
이것이 최상의 축복이라네.

2-5. 뾰족한 털

뾰족한 털[88] 야차가 질문에 대답하지 못하면 부처님을 해치겠다고 위협했다. 부처님은 모든 열정이 몸에서 비롯된다고 대답하셨다.

그렇게 나는 들었다.
어느 때에 세존께서 가야[89]에 머무시면서, 뾰족한 털 야차의 영역에 있는 석상(石床)에 앉아 계셨다. 그때에 카라[90] 야차와 뾰족한 털 야차가 그 곁을 지나갔는데, 세존과의 거리가 그리 멀지 않았다. 카라 야차가 뾰족한 털 야차에게 이렇게 말했다.
이 사람은 사문인가.

뾰족한 털 야차가 대답했다.
그는 사문이 아니다. 그는 땡중[91]이다. 그렇지만 그가 사문인지 땡중인지 알아봐야겠다.

그래서 뾰족한 털 야차가 세존께 다가갔고, 가까이 가서 세존의 몸을 살짝 건드렸다. 세존께서 몸을 피하셨다. 그러자 뾰족한 털 야차가 세존께 이렇게 말했다.
오, 사문이여. 그대는 내가 두려운가.

---

88 Sûkiloma. 운암과 곽양균은 '針毛'로 한역하였다. 針毛는 '뾰족한 털'이다.
89 Gayâ. 인도 동북부에 있는 도시의 이름.
90 Khara. 인도 고대 서사시에 나오는 사람을 잡아먹는 나찰. 여기에서는 야차의 이름.
91 Samanaka. 엉터리 승려를 가리키는 말.

세존께서 말씀하셨다.
아니다. 친구여. 나는 그대를 두려워하지 않는다. 그러나 그대가 나를 건드리는 것은 잘못된 것이다.

뾰족한 털 야차가 말했다.
내가 그대에게 한 가지 질문을 하겠다. 오, 사문이여. 만일 그대가 대답하지 못하면 나는 그대의 생각을 흩어버리거나, 심장을 반으로 쪼개거나, 아니면 그대의 발을 잡아 갠지스강 저편으로 던져버리겠다.

세존께서 대답하셨다.
나는 알지 못한다네. 오, 친구여. 이 세상이나 천신, 악신, 범천의 세상에서, 신과 인간과 사문과 바라문을 모아놓은 가운데에서, 어느 누가 나의 생각을 흩어지게 하거나, 나의 심장을 반으로 쪼개거나, 아니면 나의 발을 잡아 갠지스강 저편으로 던져버릴 수 있는가를. 그렇지만 물어보게나. 오, 친구여. 무엇이든 그대 좋을 대로.
그러자 뾰족한 털 야차가 사행시로 세존께 말했다.

열정, 증오, 혐오, 기쁨, 공포는 무엇에서 비롯되는가.
어디에서 그것들이 일어나는가.
아이들이 까마귀를 성가시게 하듯,
마음을 성가시게 하는 의혹들이 어찌하여 일어나는가.

부처님께서 말씀하셨다.

열정과 증오는 나에게서 그 비롯됨이 있고,
혐오, 기쁨, 공포는 나의 몸에서 일어나니,
아이들이 까마귀를 성가시게 하듯,
마음을 성가시게 하는 의혹들이 나에게서 일어난다네.

욕망에서 비롯되어 자신에게서 일어나니,
반얀나무[92] 새순처럼 멀리 그리고 폭넓게
감각적 즐거움과 함께 얼크러진다네.
말루바[93] 넝쿨이 숲에 퍼져나가는 것처럼.

어디에서 일어나 어디로 가는지 아는 사람들이여,
잘 들으라, 오, 야차여.
다시는 생을 받지 않으려 건너기 어려운 이 강물을 건넜으니,
전에는 누구도 건너지 못했었다네.

2-6. 법에 맞는 행실

비구들은 잘못된 그들 스스로를 제거하라는 꾸짖음과, 청정한 생활로

---

92 banyan tree. 열대지방에서 자라는 나무. 나뭇가지가 옆으로 퍼져나가 가는 줄기를 땅에 내리면 그 끝에서 뿌리가 나온다. 그리하여 반얀나무 한 그루로 숲이 이루어지기도 한다. 한역으로는 용수(榕樹)이다. 벵골보리수라고도 한다.
93 mâluvâ. 열대지방에서 다른 나무에 기생하여 사는 넝쿨나무. 한역은 만등(蔓藤).

나아가라는 충고를 받는다.

올바른 삶, 경건한 삶, 그들은 이것을 최상의 보물이라 부른다. 가정을 떠나 출가자의 삶으로 나아갔다 해도.

그러나 거친 말투를 쓰고 짐승처럼 해치는 것을 좋아하면, 그러한 삶은 매우 사악해지고, 오점(汚點)이 늘어난다.

언쟁을 좋아하는, 어리석음에 뒤덮인 비구는 부처님이 가르치고 설하신 법을 깨닫지 못한다.

닦았던 마음이 손상되고 무명으로 이끌려 가도, 죄악이 지옥으로 나아가는 길임을 깨닫지 못한다.

자궁에서 자궁으로, 어둠에서 어둠으로, 재앙으로 들어가는 그런 비구는 진정 죽은 후에도 괴로움을 향해 들어간다.

똥구덩이가 몇 년 되지 않아 가득차듯, 죄악이 가득찬 그런 사람이 되면 청정해지기 어렵다.

그대들은 그런 사람이 누구인지 안다. 오, 비구들이여. 가정에 의존하면서 그릇된 욕망, 그릇된 생각을 가지고, 그릇된 행위와 목적에 사로잡힌 사람을.

그들을 물리치라. 모두 합심하라. 빗자루로 쓸어내듯 날려보내라. 쓰레기로 버리라.

사문이 아니면서 사문으로 착각하는 사람들, 겉껍질처럼 날려버리라. 그릇된 욕망을 가진 사람들, 그릇된 행위와 목적을 가진 사람들을 날려보내라.

청정하라. 청정한 사람들과 함께 지내라. 사려깊으라. 그리하여 슬기롭게 성취하면 괴로움이 끝나게 되리니.

2-7. 바라문의 올바름[94]

부유한 바라문이 부처님께 와서 옛날 바라문의 풍습에 대해 물었다. 부처님은 그들의 생활하던 모습과, 왕의 재물을 보았을 때에 그들에게 일어났었던 변화, 더 나아가 살아있는 생명체를 희생으로 죽이자고 어떻게 왕을 설득했는지를 설명하셨다.
부처님의 깨우치는 말씀을 듣고서 부유한 바라문은 부처님께 귀의하였다.

---

94 Brahmanadhammika. Brahmana는 바라문. Dhammika는 'lawful, proper, fit, right, permitted, legitimate, justified, righteous, honourable, just'(PTS사전). 운암과 곽양균은 '婆羅門法'으로 한역하였다.

그렇게 나는 들었다.

어느 때에 세존께서 사위성 제다숲의 급고독장자의 원림에 머물고 계셨다.

그때에 노쇠하거나, 연로하거나, 늙거나, 나이를 많이 먹었거나, 최고령에 이르른 코살라[95]의 많은 부유한 바라문들이 세존께 왔는데, 세존께 와서 즐겁게 이야기를 나누었고, 즐겁고 인상적인 대화를 나누고는 떨어진 곳에 비켜 앉았고, 떨어진 곳에 비켜 앉은 채 이 부유한 바라문들이 세존께 이렇게 말했다.

오, 존귀하신 고타마이시여. 오늘날의 바라문들이 옛날 바라문들의 바라문 풍습을 지키는 것으로 보이십니까.

세존께서 대답하셨다.
오늘날의 바라문들은, 오 바라문들이여. 옛날 바라문들의 바라문 풍습을 지키는 것으로 보이지 않습니다.

바라문들이 말했다.
존귀하신 고타마이시여. 옛날 바라문들의 바라문 풍습을 우리에게 말씀해 주십시요. 존귀하신 고타마께서 불편하지 않으시다면.

세존께서 대답하셨다.

95　Kosala. 고대 북인도 갠지스강 상류의 왕국. 교살라(憍薩羅). 아요디야를 도읍으로 정했는데, 나중에 사밧티야, 즉 사위성(舍衛城)으로 옮겼다.

그렇다면 잘 들으시오. 오, 바라문들이여. 집중해서 들으시오. 말씀해 드리겠소.

알겠소이다.
그렇게 말하고, 부유한 바라문들은 세존께 귀를 기울였다.
세존께서 이렇게 말씀하셨다.

옛날의 현자들은 스스로를 다스리고, 참회하였으며, 오진(五塵)[96]을 버리고 그들이 지닌 복을 연구하였소.

바라문에게는 소도 없었고, 금도 없었고, 곡식도 없었으나, 명상이라는 재산과 곡식이 그들에게 있었으며, 그들은 그 최고의 보물을 지켰소.

그것들은 그들을 위해 준비된 것이었고, 문 앞의 음식처럼 놓여졌지만, 그들은 신심(信心)으로 마련된 것을 찾는 사람들에게 주어지는 것이 마땅하다고 생각하였소.

다채로운 빛깔의 의복을 입고, 침상과 거처를 가지고, 온 나라의 여러 지역에서 온 부유한 사람들이 그들 바라문에게 경배하였소.

그 바라문들은 신성불가침이었으며, 천하무적이었으며, 진리의 법에 의

---

96 The objects of the five senses. the five senses는 다섯 가지 감각기관, 즉 안이비설신(眼耳鼻舌身). 여기에서 인식되는 사물을 The objects of the five senses, 즉 오진(五塵) 또는 오경(五境)이라고 한다.

해 보호되었으며, 어디에서도 누구도 문 앞의 그들을 거절하지 않았소.

사십팔 년 동안 그들은 동정(童貞)의 순결을 실천하였으며, 그에 앞서 바라문들은 학문의 연구와 모범적 행실에 들어갔소.

바라문들은 다른 종성(種姓)[97]과 결혼하지 않았고, 아내를 돈주고 사지도 않았으며, 결혼한 후에는 서로 사랑하며 함께 살기를 원하였소.

생리가 거의 끝날 무렵을 제외하고는 바라문들은 달리 내키는 대로 성교하지 않았소.

그들은 순결, 미덕, 청렴, 온화함, 고행, 부드러움, 자비심, 인내를 찬양했소.

그들 가운데 으뜸이던 존경받는 바라문은 잠결에서조차 내키는 대로 성교하지 않았소.

그를 본보기로 하여 이 세상의 현명한 사람들이 순결과 인욕을 찬양하였소.

쌀, 침구, 의복, 제호(醍醐)[98], 기름, 그리고 정당하게 모은 것들을 요청하여 그 가운데에서 희생을 썼는데, 희생제를 올릴 때에도 그들은 소

---

97 인도 카스트의 사성계급.
98 Butter. 제호(醍醐)는 우유로 만든 다섯 가지 식품 가운데 최상으로 여겨지는 우유죽과 유사한 형태의 음식 또는 음료. 본문의 Butter가 곧 제호인 것은 아니나, 문맥의 흐름상 제호(醍醐)로 표기하였다.

를 죽이지 않았소.

어머니, 아버지, 형제, 그리고 다른 친척들처럼 소는 우리의 가장 좋은 친구이고, 거기에서 여러 가지 약제들이 만들어진다오.

소들은 음식을 주고, 힘을 주고, 윤기나는 얼굴과 행복을 주니, 이같은 실상을 알아서 그들은 소를 죽이지 않았소.

그들은 기품있고, 크고, 잘 생기고, 명성이 있고, 태생이 바라문이고, 여러 가지 그들이 해야 할 일에도 열심이었으니, 그들이 세상에 살아 있는 동안에는 종족들이 번성했다오.

그러나 왕의 부유함과 잘 꾸며진 여자들을 본 후로, 그들 가운데에서 점차 변화가 일어났소.

멋진 말들이 끄는 잘 만들어진 수레, 다양한 색채와 무늬를 넣은 양탄자, 하나하나 구분되고 각각 떨어져 있는 궁전과 저택들,

셀 수 없는 소떼가 뒤따르고, 한 무리의 아름다운 여자들이 찰싹 붙어 있는, 인간의 엄청난 부(富)를 바라문들도 탐내게 되었다오.

그리하여 찬가를 지어 감자왕[99]에게 가서 말했소.

---

99 Okkaka. 감자왕(甘蔗王). 석가족의 시조. 인더스강 하류 부다가나의 왕. 네 명의 왕자를 낳은 왕비가 죽고 젊은 왕비가 새로 들어와 아들을 낳자, 왕비의 꾀임에 넘어간 감자왕이 네 왕자를 쫓아냈다. 이들은 히말라야로 도피하였고, 그곳에서 카필라라는 성자의 조언에 따라 카필라 왕국을 세웠다. 그 네 왕자 가운데 한 사람이 싯다르타 고타마의 생부인 정반왕이다.

2. 나아가는 것의 장[Kula-vagga]

그대는 많은 재산과 곡식이 있구려.
그대의 엄청난 부(富)로 희생제를 올리시오.
그대의 엄청난 재산으로 희생제를 올리시오.

그러자 수레의 주인인 왕은 바라문들의 지도를 받았고, 어떤 방해도 없이 마제(馬祭), 인신제(人身祭), 척봉제(擲棒祭), 소마제(蘇摩祭)를 올렸고, 이런 희생제를 제안한 바라문들에게도 재물을 주었소.

소, 침상, 의복, 잘 꾸며진 여자들, 멋진 말들이 끄는 잘 만들어진 수레, 다양한 색채와 무늬를 넣은 양탄자,

칸칸이 잘 구분된 아름다운 궁전들, 그리고 여기에 여러 가지 곡식들을 가득 채웠고, 바라문들에게 이 부(富)를 주었소.

부를 받은 그들은 비축하기를 원하였고, 욕망에 사로잡힌 그들의 소망은 더욱 더 늘어났소. 그리하여 다시 찬가를 지어 감자왕에게 말했소.

사람에게는 소만큼이나, 물, 땅, 금, 재물 그리고 곡식도 있어야 합니다. 살아있는 존재에게는 필수적입니다.
그대의 엄청난 부로 희생제를 올리십시오.
그대의 엄청난 재산으로 희생제를 올리십시오.

그러자 수레의 주인인 왕은 바라문의 지도를 받아 수백수천 마리의

소를 공양물로 죽이게 하였소.

염소들처럼 소들도 뿔이나 발, 어떤 것으로도 어느 누구도 해치지 않았고, 온순하였고, 젖을 몇 통씩이나 짜는데도, 왕은 그들의 뿔을 잡고 무기로 죽이게 하였소.

그러자 신들, 조상신들, 제석천[100], 아수라[101]들 그리고 나찰들이 소리를 질렀소.
'이것은 부당하오.'
무기로 소를 죽였기 때문이요.

예전에는 세 가지의 질병이 있었다오. 욕망, 배고픔 그리고 노쇠. 그러나 소들을 학살한 때로부터 아흔여덟 가지가 생겨났다오.

이 정의롭지 못한 폭거가 전해져 온지 오래되었는데, 죄없는 소들이 도살되면서 희생제가 법과 동떨어졌다오.

이 오래된 못된 법은 지혜로운 사람들에게 비난을 받았고, 그 일을 본 사람들도 희생을 올린 사제(司祭)를 비난했다오.

---

100 Inda. 인다라. 인다라(因陀羅). Indra. 고대인도 힌두교의 전쟁의 신, 천둥, 번개, 비를 관장하며, 아그니, 바유와 함께 베다의 삼신(三神)이 된다. 불가에서는 제석천이라고 하는 불법의 수호신으로 나타나며, 도리천의 선견성(善見城)에서 삼십이천을 거느린다.

101 Asura. 수라(修羅). 아수륜(阿須倫). 여러 뜻이 있다. 첫째는 수라도(修羅途)에 머무는 혼령, 둘째는 부처와 불법을 보호하는 팔부신중이자 북방 다문천왕의 권속, 셋째는 제석천에 대항하는 악신의 무리.

그렇게 법이 사라지자, 수드라[102]와 바이샤[103]가 반목하였고, 크샤트리아[104]들도 온갖 방법으로 반목하였고, 아내들도 그 남편을 경멸했다오.

크샤트리아와 바라문, 그리고 사성계급으로 보호되던 사람들은 혈통에 관한 논쟁을 버리고 감각적 즐거움의 힘에 빠져들었다오.

이렇게 말씀하시자, 부유한 바라문들이 세존께 다음과 같이 말했다.

뛰어나십니다. 오, 존귀하신 고타마이시여. 뛰어나십니다. 오, 존귀하신 고타마이시여.
넘어진 사람을 일으키듯이, 혹은 숨겨진 것을 드러내듯이, 혹은 잘못된 길로 가는 사람에게 길을 말해주듯이, 혹은 눈을 가진 사람이 사물을 볼 수 있도록 어둠 속에서 기름등불을 지니고 계시듯이, 그렇게 존귀하신 고타마께서 여러 방편으로 법을 분명하게 보여주셨나이다.
저희는 존귀하신 고타마에게서, 법에서, 승가에서 위안을 얻었으니, 저희를 우바새로 받아주시면 이후 남은 평생 동안 귀의하겠나이다.

2-8. 배

102　the Suddas. 인도의 천민계급. 원주민이자 피정복민 드라비다족. 인구가 가장 많다.
103　the Vessikas. 인도 평민계급. 자영업이나 농업, 상공업 등의 납세 의무를 가진다.
104　the Khattiyas. 찰리(刹利), 찰제리. 통치를 담당하는 왕족, 귀족, 무사들의 계급.

훌륭하고 학식 깊은 스승을 택하는 것에 관하여.

사람은 그에게 법을 가르쳐 준 이를 경배해야 한다. 신들이 제석천을 대하듯이. 학식이 깊은 사람은 함께 경배하고 즐거워하면서 법을 분명하게 드러내 보인다.

지혜로운 사람은 법을 듣고 자세히 살피면서, 법에 부합되는 법을 실천하면서, 학식이 깊은 사람들과 열심히 어울리면서, 학식이 깊어지고, 전문적이고, 능숙하게 된다.

학식이 낮은 사람을 섬기는 사람, 뜻을 깨닫지 못하는 어리석은 사람, 그리하여 샘을 내는 사람, 그는 의혹을 극복하지 못하고, 법도 깨닫지 못한 채 죽음에 이른다.

물이 불어나 거세게 흐르는 강물에서 물살에 떠내려가는 사람이 어떻게 다른 사람을 건네줄 수 있는가.

마찬가지로 법을 깨닫지도 못하고, 학식 깊은 사람의 설법에 참석하지도 않고, 스스로 알지도 못하고, 의혹을 극복하지도 못하는데, 어떻게 다른 사람을 깨닫게 할 수 있겠는가.

노와 키가 갖추어진 튼튼한 배를 타고 가는데, 뱃사공이 길을 잘 알고 숙련되고 사려깊어 많은 사람들을 건네주듯,

마찬가지로 성취를 이루고, 마음이 잘 닦이고, 학식 깊고, 두려움을 모르는 사람이 집중과 정진을 지닌 다른 사람들에게 그것을 깨닫고 알게 하는 것처럼.

그러므로 총명하고 학식 깊은 훌륭한 사람을 가까이 해야 하니, 선이 무엇인지 깨닫고 법을 꿰뚫은, 참다운 삶으로 나아가는 사람이 행복을 얻을 것이다.

2-9. 올바른 일

최상의 선(善)을 얻는 방법

어떤 계율로, 어떤 행으로, 그리고 무슨 일을 행하여야 사람이 완벽하게 성취하고 최상의 선을 얻는가.

나이든 사람을 시기하지 말고 공경하시요. 스승을 찾아뵈어야 할 때를 아시요. 경건한 담론에 귀를 기울일 그 순간을 아시요. 잘 설해진 말씀을 열심히 귀 기울여 들으시요.

적절한 때에 스승을 찾아뵈시요. 고집스러움을 버리고 겸손하시요. 무엇이 선이고, 법이고, 자기절제이고, 순결인지 기억하고 실천하시요.

즐거움이 법이 되게 하시요. 법 안에서 기뻐하시요. 법 안에서 꿋꿋이 서시요. 법을 어떻게 묻는지를 알게 하시요. 법을 더럽히는 어떤 분쟁도 일으키지 마시요. 그리하여 잘 설해진 진리의 말씀에 따라 주어진 시간을 보내시요.

터무니없는 이야기, 한탄, 부정직한 것, 속임수, 위선, 탐욕과 오만, 큰 소리와 거친 말투, 타락과 어리석음을 버리시요. 항상 그러한 마음으로 열병으로부터 자유로운 삶을 사시요.

깨닫는 것의 정수에 대한 말씀이 잘 설해졌는데, 만일 깨달았다면 명상의 정수가 담겨있는 말씀을 새겨들은 것이다. 그러나 경솔하고 부주의한 사람의 깨달음이나 학식은 늘어나지 않는다.

존귀한 사람들이 밝히신 법을 즐거워하는 사람들은 말과 마음과 노력에서 누구에게도 뒤지지 않는데, 그들은 평화로움과 부드러움과 명상을 성취하였고, 학식과 깨달음의 정수에 도달하였다.

2-10. 일어나라

미온적이거나 게으르지 말라는 충고.

일어나라. 앉으라. 잠이 그대에게 무슨 소용인가.
병을 앓는 사람들, 화살에 꿰뚫린 사람들, 괴로운 사람들에게 무슨 잠이 있는가.

일어나라. 앉으라. 평화로움을 위해 흔들림 없이 배우라.
그대의 나태함을 아는 죽음의 왕이 그대를 우롱하여 그의 세력권에 끌어들이게 하지 말라.

신들과 인간들이 바라고 원하는 것, 의존하는 것, 이 욕망을 물리치라. 순간이 그대의 곁을 스쳐가지 못하게 하라. 순간을 스쳐가게 하는 사람들은 지옥으로 넘겨졌을 때 비통해 하리니.

방일(放逸)은 번뇌이고, 계속되는 방일도 번뇌이다.
자기성찰과 인식(認識)으로 그 화살을 뽑으라.

2-11. 라후라

부처님께서 라후라[105]에게 은둔자로서의 삶을 권하며, 그의 마음이 세

---

105 Rahula. 라후라(羅睺羅). 석가모니의 친아들. 석가모니 출가 전 야소다라 왕세빈과의 사이에서 태어났다. 아버지를 따라 어린 나이에 출가했으나 방일한 삶을 살다가 뒤늦게 용맹정진하여 마침내 아라한의 반열에 올랐다. 십대제자의 한 사람으로서 남의 눈에 띄지 않게 행동했으므로 밀행제일(密行第一)이라 일컬어진다. 본문은 사리불에게 맡겨진 라후라가 사리불의 훈도에도 불구하고 계율에 어긋나는 행동을 계속하자 친히 그를 불러 꾸짖는 내용이다.

속을 멀리하고 절제를 가지도록 꾸짖으셨다.

세존께서 말씀하셨다.
네가 그와 함께 계속 지낸다 하여 지혜로운 사람을 얕보는 것이 아닌가. 인간을 위해 횃불을 들고 있는 그를 공경하는가.

라후라
제가 그분과 함께 계속 지낸다 하여 지혜로운 분을 얕보지는 않습니다. 저는 인간을 위해 횃불을 들고 있는 그분을 늘 공경합니다.

서시(序詩)[106]

세존
아름다운 것, 매혹적인 것, 오진(五塵)을 버리라.
그리하여 신심(信心)으로 집을 떠나 괴로움을 끝내라.

고결한 친구를 사귀라.
멀리 외떨어진 곳에 조용히 은둔하라.
음식을 절제하라.

---

106 Vatthu-gatha. Vatthu는 '기본'. gatha는 'gāthā', 운율이 들어간 싯구 또는 운문. 서시(序詩) 또는 서게(序偈)의 뜻.

가사, 걸식, 필수품, 거처, 이러한 것을 갈망하지 말라.
세속으로 다시 돌아가지 않도록.

계율에 순응하고, 오관[107]을 따라서도 그러하라.
네 몸과 관련하여 주의를 기울이라.
혐오스러운 것이 가득하도다.

기분 좋은 것과 열정을 수반하는 것, 그런 징조들을 피하라.
흔들리지 않도록 너의 마음을 변화시키고, 좋지 않은 것을 잘 다스리라.

겉모양이 아닌 것을 소중히 하라.
자만하려는 경향에서 떠나라.
그리하여 자만을 깨부수면 차분하게 갈 수 있으리.

그렇게 세존께서 이러한 사행시로 존자 라후라를 반복하여 꾸짖으셨다.

2-12. 방기사

방기사는 니그로다카파의 운명에 대해, 그가 완전하게 멸하였는지, 아

---

107 the five senses. 오관(五官). 안이비설신(眼耳鼻舌身)의 다섯 가지 감각기관.

니면 존재의 바탕[108]을 여전히 남겨놓고 있는지를 알고 싶었다. 그는 부처님께 답을 들었다.

그렇게 나는 들었다.
어느 때에 세존께서 알라위의 아갈라바 사원에 머물고 계셨다. 그때에 니그로다카파라고 하는 존자 방기사의 스승이자 장로가 얼마 전에 더없는 기쁨[109]에 이르렀다.
그런데 이러한 생각이 존자 방기사가 물러나와 명상에 잠긴 동안에 일어났다.

나의 스승이 완전한 열반[110]에 드셨는지, 완전한 열반에 들지 못하셨는지.

그래서 존자 방기사는 저녁 시간에 은둔처에서 나와 세존께 갔고, 가까이 다가가 주위를 돌고는 한옆에 비켜 앉았으며, 한옆에 비켜 앉은 채 존자 방기사가 세존께 이러한 말씀을 올렸다.

높으신 분이시여. 물러나와 명상하는 동안에 방금 이러한 생각이 제

---

108 elements of existence. 윤회의 근거가 되는 바탕. 다시 태어나려는 욕망이 일어나는 네 가지 근거. 감각적 욕망의 바탕, 온(蘊)이라는 바탕, 혐오감이라는 바탕, 업(業)으로 형성되는 바탕.

109 bliss. '천상의 더없는 즐거움'. 여기서는 '법을 깨달아 죽은 자의 환희 또는 희열'.

110 blessed. PTS본에 parinibbuta라고 병기되었는데, pari는 완전(完全), nibbut는 지멸(止滅)로서, 반열반(般涅槃) 즉 완전한 열반을 가리킨다.

게 일어났습니다.
나의 스승께서 완전한 열반에 드셨는지, 완전한 열반에 들지 못하셨는지.

그리고는 자리에서 일어나 가사를 한쪽 어깨에 걸쳐메고 세존을 향해 허리를 굽혀 합장하면서 사행시로 물었다.

저희가 뛰어난 깨달음의 위대한 스승께 묻습니다.
이 세상에서의 의혹을 끊어내신 분,
비구이셨으며, 널리 알려지셨고, 유명하셨고,
평온한 마음을 지니셨던 그분이 아갈라바에서 돌아가셨나이다.

니그로다카파라는 이름을 당신께서 주셨는데,
오, 세존이시여.
그는 견해에 얽매임 없이 굳건하게, 열반을 찾으면서,
당신을 경배하며 만행하였나이다.

오, 석가이시여, 모든 것을 보시는 분이시여.
저희는 모두 이 가르침을 깨닫기를 원하나이다.
저희의 귀는 들을 준비가 되었사온데,
당신께서는 저희의 스승이시며, 비할 데 없나이다.

오, 위대한 깨달음을 지니신 분이시여. 그에 대해 말씀해 주시어 저희의 의혹을 끊어주소서.
완전한 열반에 들어간 사람에 대해 알려주십시오.
저희들 가운데에서 말씀해 주십시요. 오, 모든 것을 보시는 분이시여.
천 개의 눈을 가진 제석천[111]이 신들 가운데에서 말씀하는 것처럼,

이 세상에 존재하는 인연은 무엇이든 어리석음에의 길이며,
무명과 결합하여 의혹의 자리를 만들지만,
그것들은 여래 앞에서는 존재하지 못하나니,
사람 가운데 가장 뛰어난 눈이기 때문이나이다.

구름 떼를 몰아가는 바람처럼
죄를 영원히 몰아내지 못하면
모든 세상은 어둠으로 봉해지고
뛰어난 사람들도 빛을 내지 못할 것입니다.

지혜로운 분들은 빛을 밝히는 분[112]들이니,
오, 지혜로우신 분이시여. 저는 당신을 그러한 분으로 여기나이다.
저희가 명상에 잠겨있는 분께 나아왔으니,
저희들 무리에게 카파에 대해 밝혀주십시오.

---

111 the thousand-eyed Sakka. 제석천. 도리천의 선견성에서 삼십삼천과 사왕천을 주재하며 불법을 수호한다. 교시가(憍尸迦). 아수라와 끝없이 싸우는데, 인드라그물과 금강저(金剛杵)를 무기로 삼는다. 또 천 개의 눈을 가지고 있다.

112 light-bringers. '빛을 가져오는 사람들'. 영어에서는 어원적으로 사탄 또는 흑천사 루시퍼를 가리키는데, 팔리어 원문에서는 어떠한 의미를 가지는지 알 수 없다.

속히 좋은 말씀을 주십시오. 오, 아름다우신 분이시여. 당신의 아름다운 음성으로.
백조가 목을 길게 빼고 잘 조화된 풍부한 목소리로 부드럽게 노래하듯이.
저희는 모두 당신의 말씀에 주의깊게 귀를 기울이겠나이다.

나고 죽는 것을 완전히 떠나고 떨쳐내신 분께 진정으로 호소하오니,
법을 분명하게 밝혀 주십시오.
보통 사람들은 원하는 것을 할 수 없사오나,
여래께서는 뜻대로 행하시나이다.

이 가슴 벅찬 설법을 수락하소서. 완벽하게 지혜로운 분이시여.
이렇게 계속 합장하며 절하나이다.
오, 높은 지혜를 지니신 분이시여.
아시면서 저희에게 모른 척하지 마소서.

존귀한 분들의 법을 완벽하게 아시면서 모른 척하지 마소서.
오, 타의 추종을 불허하는 힘을 지니신 분이시여.
한여름 더위에 시달린 사람이 물을 찾듯이, 그렇게 당신의 말씀을 기다리나이다.
배움의 시원한 물을 보내소서.

카파가 나아갔던 몹시 경건한 삶이 허사가 되지는 않았나요.

멸하였나요.

아직도 존재의 바탕이 남아있나요.

그가 어떻게 벗어났는지 그것을 듣고자 하나이다.

세존

그는 이 세상에서 명과 색[113]에 대한 욕망을 끊었다네.

라고 세존께서 말씀하셨다.

검은 악마[114]의 강물, 오랫동안 들러붙어 있던 것, 나고 죽는 것을 완벽하게 건너갔다네.

라고 오비구의 최상[115]이신 세존께서 말씀하셨다.

방기사

당신의 말씀을 들으니 기쁘나이다.

오, 대선인의 최상이시여.

제가 여쭌 것이 헛되지 않았고,

바라문께서도 저를 속이지 않으셨나이다.

---

113 name and form. 불가에서는 현상의 형이상을 명(名)이라 하고, 형이하를 색(色)이라 한다. 존재하지만 형체가 없으면 명이고, 형체가 있는 존재나 물질은 색이다.

114 Kanha. '검다'는 뜻. 'dark, black, as attr. of darkness, opposed to light'(PTS사전). 죽음을 가져오는 악마. 마라. 또는 힌두교의 신 크리슈나의 다른 이름. PTS 원문에는 'i.e. Mâra's'라고 병기되어 있다.

115 the best of the five. the five는 녹야원의 초전법륜을 받아들인 아약교진여, 아설시, 마하남, 바제, 바파의 다섯 비구. 오비구를 받아들인 후 '이로써 세상에는 여섯 명의 아라한이 있게 되었다.'라고 말씀하셨으므로, the best는 석가모니 자신을 가리키는 말로 이해해야 한다.

그가 말한 대로 그렇게 행해졌으니,
그는 진정 부처님의 제자였나이다.
거짓된 죽음의 넓게 펼쳐진 강력한 그물을
그가 갈기갈기 찢었나이다.

오, 세존이시여.
청정한 사람[116]이 집착의 근원을 보았나이다.
카파가 참으로 매우 건너기 몹시 어려운
죽음의 영역을 건넜나이다.

2-13. 올바르고 완전한 수행

비구의 올바른 길.

건너가신 분, 건너편 언덕에 가신 분, 반열반에 드신 분, 그리하여 견고한 마음을 지니신 분, 위대한 깨달음의 성자께 묻겠나이다.
어떻게 해야 비구들이 집을 떠나 욕망을 포기하고 이 세상에서 올바르게 수행할 수 있는가요.

---

116 Kappiya. 정인(淨人). '청정하거나 고결한 사람'의 뜻. 본문에서는 존자 니그로다카파를 가리키는 말.

그는 징조, 운명, 꿈, 관상을 깨부순 사람,
라고 세존께서 말씀하셨다.
죄악의 징조를 버린 그런 비구는 이 세상에서 올바르게 수행할 수 있으리.

비구들이여, 세상과 천상의 즐거움에 대한 열정을 다스리라.
그리하면 존재를 극복하고 법을 깨달으리니, 그러한 사람은 이 세상에서 올바르게 수행할 수 있으리.

비구들이여, 중상모략과 분노를 멀리한 후, 탐욕을 버리고 굴종과 저항에서 벗어나라. 그러면 그러한 사람은 이 세상에서 올바르게 수행할 수 있으리.

마음에 맞는 것과 맞지 않는 것을 둘다 버리고 어느 것도 잡지 않는 사람, 모든 면에서 홀로 서서 속박을 벗어난 사람, 그러한 사람은 이 세상에서 올바르게 수행할 수 있으리.

집착에 대한 소망과 열정을 다스리고, 집착에서 어떠한 본질도 찾지 않고, 홀로 서서 다른 사람에게 이끌리지 않는 사람, 그러한 사람은 이 세상에서 올바르게 수행할 수 있으리.

말, 생각, 행위를 겨루려고 하지 않는 사람, 법을 완벽하게 깨달아 열반의 경지를 간절하게 바라는 사람, 그러한 사람은 이 세상에서 올바르게 수행할 수 있으리.

'그가 나에게 절한다.'라는 생각으로 우쭐거리지 않는 사람, 홀대를 받아도 마음에 두지 않고, 공양을 받아도 자아도취에 빠지지 않는 비구. 그러한 사람은 이 세상에서 올바르게 수행할 수 있으리.

탐욕스러움과 존재에의 미련을 떠나, 자르고 묶는 것에 염증을 느끼는 비구, 의혹을 극복하여 괴로움을 지니지 않는 사람, 그러한 사람은 이 세상에서 올바르게 수행할 수 있으리.

무엇이 되는지를 알아 법을 철저하게 깨달은 비구는 어떤 것도 해치지 않을 것이니, 그러한 사람은 이 세상에서 올바르게 수행할 수 있으리.

무엇이 되었든 간에 애착이 없는 사람, 죄악을 뿌리째 뽑아내는 사람, 욕망에서 자유로워 갈망함이 없으니, 그러한 사람은 이 세상에서 올바르게 수행할 수 있으리.

열정을 깨뜨려 자만에서 자유로워진 사람, 모든 열정에의 길을 극복한 사람, 완벽하게 행복한 견고한 마음으로 다스려진 사람, 그러한 사람은 이 세상에서 올바르게 수행할 수 있으리.

앎을 지닌 채 길을 찾는 신봉자, 열성파[117] 가운데에서 열성파가 아닌

---

117 partisan. 특정한 종교, 이념, 논리 등의 열성적 지지자. 본문에서는 바라문교의 권위를 부정하고 새로운 방향과 논리를 모색하는 사문을 가리키는 말. 당시 사문은 모두 육십이 종이 있어 육십이견(六十二見)이라 하였고, 그 가운데 특히 뛰어난 여섯 가지를 육사외도(六師外道)라 하였다.

사람, 탐욕과 분노를 다스린 슬기로운 사람, 그러한 사람은 이 세상에서 올바르게 수행할 수 있으리.

청정한 승리자, 장막을 벗겨낸 사람, 법 안에서 다스려지고, 건너편 언덕에 이르렀고, 욕망이 없고, 행[118]의 소멸에 대한 앎을 잘 아는 사람, 그러한 사람은 이 세상에서 올바르게 수행할 수 있으리.

과거와 미래의 시간을 극복한 사람, 뛰어나게 청정한 깨달음을 지니어 머무는 곳 모두에서 벗어난 자유로운 사람, 그러한 사람은 이 세상에서 올바르게 수행할 수 있으리.

사성제(四聖諦)의 단계를 아는 사람, 법을 깨달은 사람, 열정의 포기를 분명하게 추구하는 사람, 모든 존재의 바탕을 깨뜨린 사람, 그러한 사람은 이 세상에서 올바르게 수행할 수 있으리.

확실히 그러합니다. 오, 세존이시여.
이 길을 가는 비구는 누구든 모든 속박을 다스리고 극복하였으니, 그러한 사람은 이 세상에서 올바르게 수행하겠나이다.

2-14. 담미카

---

118 Samkhâra. 범어 samskara. 행(行). 인연이 되는 모든 행위. 행에서 결과되는 괴로움인 행고(行苦)는 윤회의 원인이 된다. 본문에서는 문맥상 '윤회의 원인'이라는 뜻을 가진다.

부처님께서 비구의 삶이 어떤 것인지, 그리고 재가수행자의 삶이 어떤 것인지를 담미카에게 보여주셨다.

그렇게 나는 들었다.
어느 때에 세존께서 사위성 제다숲 급고독장자의 원림에 머물고 계셨다. 그때에 우바새 담미카가 오백의 대중과 함께 세존께 나아갔고, 세존께 가서 절을 올리고는 한옆에 비켜 앉았고, 한옆에 비켜 앉은 우바새 담미카가 세존께 사행시로 말씀을 올렸다.

제가 묻사오니, 오, 위대한 깨달음을 지니신 고타마이시여.
성문(聲門)[119]들이 어떻게 행동해야 훌륭한 제자입니까.
집을 나와 들판으로 나아간 사람들입니까.
아니면 집에 있는 제자들입니까.

당신께서는 이 세상에서의 일이나 신들에게서 일어나는 일,
그 궁극의 목적을 아시지만,
당신처럼 그 미묘한 뜻을 아는 사람이 아무도 없으니,
그들은 당신을 뛰어나신 부처님이라 부릅니다.

모든 지식을 아시어 법을 드러내 밝히시고,
목숨 있는 것들에 자비심을 지니시며,

---

119 Sâvaka. 성문(聲聞). 주로 부처님의 말씀을 듣고 깨우치는 제자. 삼승(三乘)의 한 갈래.

장막을 벗겨내시어 모든 것을 보시며,
모든 세상에서 티끌없이 빛나십니다.

에라바나[120] 코끼리 왕이 당신이 부처님[121]이라 듣고,
당신 앞에 나아와 대화를 나누며 귀를 기울이다가,
'매우 좋구나.'
라고 기뻐하면서 돌아갔습니다.

또한 비사문천왕 쿠베라[122]가 와서 법에 대해 물었는데,
오, 지혜로우신 분이여,
그가 물어본 것 역시 대답해 주셨는데,
그 또한 귀 기울여 듣고는 기뻐하였습니다.

모든 논쟁적인 외도[123]와 사명외도[124]와 니건타[125]들,

---

120 고대 바라문교의 인드라, 즉 불교의 제석천이 타고 다니는 네 개의 어금니와 여섯 개의 머리를 가진 거대한 코끼리. 아이라바타(Airavata).

121 Gina. 즉 Jina. 본래의 뜻은 '승리자'. 자이나교에서 최고 경지의 깨달음을 성취한 24명을 가리키는 말. 불교에서는 오방불(五方佛), 즉 서쪽 아미타불, 남쪽 보생불, 동쪽 아촉불, 북쪽 불공성취불, 중앙 비로자나불을 가리키는 말. PTS사전에는 'conquering, victorious, often of the Buddha, "Victor"'라고 되어있다.

122 king Vessavana Kuvera. 'Vessavana'은 욕계 사왕천(四王天)에서 북방의 다문천(多聞天) 또는 비사문천(毗沙門天). 다문천왕, 비사문천왕은 그 우두머리. 야차(夜叉)의 왕. 고대 바라문교에서 북방의 수호신이자, 재보와 부귀의 신. 'Kuvera'는 그의 이름.

123 Titthiya. 외도(外道). 다른 교파나 종파, 교도를 가리키는 말. 'An adherent of another sect'(PTS사전).

124 Âgîvika. 육사외도의 한 가지. 사명외도(邪命外道). 마칼리 고살라로 대표되는 교파. 숙명론을 내세웠다.

125 Nigantha. 자이나교도, 또는 그들의 수장 니건타 나타풋타를 가리키는 말. 육사외도의 하나.

그들 가운데 어느 누구도
서 있는 사람이 빨리 걷는 사람을 이기지 못하듯,
깨달음에 있어서 당신을 넘어서지 못합니다.

이 모든 논쟁적인 바라문들,
그리고 나이 많은 바라문들조차
모두들 당신의 견해에 꼼짝하지 못합니다.
논객으로 간주되던 다른 사람들까지도.

당신이 분명하게 잘 보여주신 이 미묘하고 좋은 법,
오, 세존이시여.
저희 모두가 간절하게 듣기를 바랐던 것, 그것을 당신께서 하시나이다.
오, 깨달은 자의 으뜸이시여. 여쭙나니 저희에게 말씀하소서.

귀 기울이며 앉아있는
이 모든 비구들과 우바새들에게,
흠결 없으신 분의 깊이 익히신 법을 듣게 하소서.
바사바[126]의 잘 설해진 말을 듣는 신들처럼.

세존
나에게 귀 기울이라. 오, 비구들이여.

---

126   Vâsava. 바사바(婆娑婆). 제석천의 다른 이름.

죄를 깨뜨리는 법을 가르치리니, 그것을 지키라. 그대들 모두.
유익한 것을 찾는 사람이여, 사려깊은 사람이여,
수행자에게 알맞은 삶의 방식을 일구라.

비구들이여, 잘못된 때에 돌아다니지 말라.
올바른 때에 마을에 들어가 걸식하라.
잘못된 때에 가는 사람은 인연의 올가미에 걸려드느니,
그러므로 부처님들은 잘못된 때에 가지 않는다.

살아있는 것을 도취시키는
색, 성, 미, 향, 촉,
이러한 것에 대한 욕망을 다스리며,
마땅한 때에 아침밥을 얻으라.

그리고 비구들이여,
올바른 때에 음식을 얻어 돌아와
홀로 외따로 앉아 스스로의 내면을 성찰하라.
마음이 밖으로 향하지 않도록 스스로에 집중하라.

만일 성문이나 다른 사람이나
비구와 더불어 이야기하면,
비방하거나 비난하는 말을 하지 말라.
뛰어난 법에 대해 이야기하라.

누군가 반박하는 말을 내뱉어도,
그들 속좁은 사람들을 우리는 찬양하지 않는다.
이런 저런 인연들이 그들을 옭아매고,
그것이 그들의 마음을 멀리 보내기 때문이다.

뛰어난 깨달음을 지닌 성문들이여,
선서께서 가르치신 법을 들었으면,
음식, 승원(僧院), 침상, 의자,
옷의 때를 빼는 물을 잘 가리어 구하라.

음식, 침상, 의자, 옷을 빨래하는 물,
이러한 것들에 대해 집착이 없으라.
비구들이여,
연꽃 위의 물방울과 같으라.

또한 그대들에게 재가수행자의 행을 말하리니,
성문은 훌륭한 제자가 되려는 방편인 까닭에,
생업을 영위하는 사람[127]으로는
저 완벽한 비구의 법을 수행할 수 없도다.

죽이지 말라.

---

127 who is taken up by occupations. '세간에 머무는 사람'으로 볼 수도 있다. 운암은 '在家', 곽양균은 '在家的優婆塞'로 한역하였다.

살아있는 존재를 죽일 짓도 하지 말고, 다른 사람이 죽이는 것도 용인하지 말라.
모든 생명체를 해치는 것을 삼가하라.
이 세상의 힘센 것이나 두려워 떠는 것이나 모두.

성문들이여, 주어지지 않은 것을 삼가하라.
내 것 아님을 알라.
가져가게 될 짓도 하지 말고, 가져가는 사람도 용인하지 말라.
모든 훔치는 짓을 피하라.

지혜로운 사람이여,
활활 타는 석탄 덩어리 같은 절조없는 생활을 피하라.
순결한 삶을 살지는 못해도
다른 사람의 아내와 죄를 짓지 말라.

법정이나 의회에서 거짓을 말하지 말라.
거짓을 말할 짓도 하지 말고,
거짓말하는 사람도 용인하지 말라.
모든 진실이 아닌 것을 피하라.

이 법을 받아들인 재가수행자들이여,
스스로에게 취하는 음료를 주지 말라.
그 끝이 광기로 끝남을 알아서,

다른 사람이 마시게 할 짓도 하지 말고, 그렇게 마시는 사람도 용인하지 말라.

어리석은 사람은 취함으로써 죄를 짓고
다른 사람도 취하게 만드니,
어리석은 사람이 기뻐하는
이 어리석음, 이 광기, 이 죄악의 자리를 피하라.

살아있는 존재를 죽이지 말라.
주어지지 않은 것을 취하지 말라.
거짓을 말하지 말라.
취하는 음료를 마시지 말라.
올바르지 아니한 성교를 삼가라.
밤에 때아닌 음식을 먹지 말라.
머리장식을 쓰지 말고, 향수도 사용하지 말라.
땅에 펴놓은 자리에 누우라.

이를 팔재계[128]라 부르니, 괴로움을 극복하신 분, 부처님께서 선포하신 것이다.

128　the eightfold abstinence. 팔재계(八齋戒). 재가(在家)의 신도가 육재일에 지켜야 하는 여덟 가지의 계율. PTS본에서는 '(uposatha)'라고 병기하였다. uposatha는 포살(布薩)이라고 하는데, 재가신도가 아닌 출가수행자들이 일정한 날에 모여 계경(戒經)을 읽으면서 자신의 잘못을 고백하고 참회하는 것을 말한다. 여기서는 팔재계의 뜻을 취하였다.

그리하여 믿는 마음으로, 반달[129] 동안 십사일, 십오일, 그리고 초팔일에 재계(齋戒)를 행하라. 그리하여 팔조[130]로 된 완전한 재일(齋日)을 지니라.

그리하여 아침에 재계를 행한 후에, 믿는 마음을 지닌 지혜로운 사람이여, 능력에 따라 보시하여 먹을 것, 마실 것으로 비구의 무리를 즐겁게 하라.

부모님을 예의 바르게 부양하라,
남부끄러울 것 없는 일을 하라.
이것을 열심히 준수하는 재가수행자들은 '스스로 비추는 빛'[131]이라는 이름의 신에게 가리라.

---

129 the half-month. 고대 인도에서는 한 달이 아닌 반달을 단위로 날짜를 헤아렸다.
130 the eight parts. 팔조(八條). 앞에 나온 팔재계를 가리키는 다른 말.
131 Sayampabhas. 알 수 없다. Sayam는 '스스로'이고, pabha는 '빛' 또는 '광명'이다.

3. 훌륭한 것의 장[Maha-vagga]

3-1. 출가

빈비사라[132]왕이 부처님께 흥미를 느끼고 재물로 유혹하려 하였으나, 그러나 부처님께 가벼운 질책을 받았다.

저는 분명하게 보시는 분께서 이끄시는 그러한 금욕적인 삶, 그분께서 금욕적인 삶으로 받아들이시는 그러한 것을 찬양하고자 합니다.

'가정에서의 생활이란 괴로운 더러움의 자리이다.'
'금욕적인 삶은 무애자재한 삶이다.'
그렇게 생각하면서 그는 금욕적인 삶을 기꺼이 받아들였다.

금욕적인 삶으로 나아가 몸으로 짓는 죄스러운 행위를 피하였고, 말로 짓는 죄를 그만두었으며, 삶을 깨끗하게 하였다.

---

132   Bimbisâra. 빈바사라(頻婆娑羅). 마가다의 왕. 왕사성 가란타 숲에 죽림정사를 지어 봉헌하였다. 아사세 왕의 부왕. 후일 반란을 일으킨 아들 아사세에게 잡혀 비참하게 죽었다.

부처님께서 왕사성[133]으로 가셨을 때, 뛰어난 상호를 두루 갖추신 채 걸식을 위해 마가다의 산성[134]으로 들어가셨다.

빈비사라왕이 궁전에 서 있다가 부처님을 보았는데, 이러한 상호를 지닌 부처님을 보고 이렇게 말했다.

이 사람을 잘 보라.
잘생기고, 훌륭하고, 깨끗하도다.
좋은 행실을 타고 났고, 한 유가[135] 이상 멀리 보지도 않는도다.

내리감은 두 눈, 생각에 잠긴 모습, 이 사람은 천한 계급 사람 같지가 않구나.
왕의 사자(使者)를 달려 나가게 하라.
비구여, 어디로 가십니까.

왕의 사자가 뒤따라갔다.
비구여, 어디로 가시는 중입니까. 어디에 머무실 것입니까.

이집 저집 구걸을 다니면서, 감각의 관문을 주시하여 잘 다스리며, 의

133　Râgagaha. 왕사성(王舍城). 마가다 왕국 빈비사라왕의 도읍지. 이곳 가란타 숲에 죽림정사가 있다. 다섯 개의 산으로 둘러싸였는데, 그중 하나가 바로 영취산(靈鷲山)이다.

134　Giribbaga. '산으로 둘러싸인 성(城)'이라는 뜻. 마가다 왕국의 도읍지 상모성은 다섯 개 산에 둘러싸여 있고, 옮겨간 도읍지인 왕사성 역시 다섯 산으로 둘러싸였다.

135　yuga. 시대(時代). 여기서는 '거리'의 뜻. 실제 길이는 알 수 없다. PTS본에는 'the distance of a plough', 즉 '보습 하나의 길이'라고 괄호 안에 병기하였다.

식에 가득차 생각에 잠긴 채, 그는 빠르게 발우를 채웠다.

보시를 찾아 돌아다니다가 마을 밖으로 나갔는데, 성자께서 판다바[136]로 갔으니 거기에서 사시는 것이 틀림없었다.

거처로 들어가는 것을 보고 사자들도 앉아서 쉬었고, 한 사람이 되돌아가 왕에게 알렸다.

이 비구께서는, 오, 위대한 왕이시여.
판다바 동쪽 기슭 산굴 안에, 호랑이처럼, 황소처럼, 사자처럼 앉아 계시나이다.

사자의 말을 듣고, 찰제리[137]가 멋진 마차를 타고 서둘러 판다바산으로 갔다.

마차로 갈 수 있는 곳까지 가서, 찰제리는 마차에서 내려서 걸어서 갔고, 가까이 다가가서는 멋대로 앉았다.

왕은 자리에 앉아 의례적인 인사를 나누었고, 이어서 이러한 칭찬의 말을 했다.

---

136 Pandava. 산 이름. 왕사성을 둘러싼 다섯 개 산 가운데 하나. 북동쪽에 있다. 바로 그 옆이 기사굴산이라 하는 영취산(靈鷲山)이다.
137 the Khattiya. 인도 사성계급의 두 번째. 통치계급. 크샤트리아. 여기에서는 빈비사라왕.

그대는 젊고 또 우아하구려.

사춘기의 사내아이, 귀하게 태어난 찰제리처럼 보기 좋은 안색을 지녔구려.

나는 군막(軍幕)을 장식하고, 족장 회의의 수석으로써 재물을 주겠소. 그것을 마음껏 즐기시오.

그리고 이미 물어본 것, 그대의 출신에 대해 말해주시요.

부처님

히말라야[138] 바로 옆에, 오 왕이시여. 거기에 재력을 지닌 사람들, 코살라의 백성들이 살고 있습니다.

그들은 가계로써는 태양족, 태생으로는 석가족인데, 나는 그 가족에서 나와 떠돌아다녔으며, 더 이상 감각적 즐거움을 갈망하지 않습니다.

감각적 즐거움의 괴로움을 알면서, 그리하여 세상 저버리는 것을 행복하게 여기면서, 스스로 정진하여 나아가니, 그 안에서 제 마음이 즐겁습니다.

3-2. 정진

---

[138] Himavanta. 두 가지의 뜻이 있다. 첫째는 전설의 숲으로써 나가, 긴나라, 가루다의 무리들이 사는 곳. 둘째는 히말라야에 속하는 산.

악신이 부처님을 유혹하려 애쓰다가, 어쩔 수 없이 물러서게 되어 실망한다.

열반을 얻기 위해 스스로 정진하고, 스스로 명상에 들어가며, 네란자라강[139] 근처에서 온마음으로 열심히 정진하는 나에게,

나무치[140]가 다가와서 연민에 가득찬 말을 속삭였다.
그대는 야위었고, 안색도 좋지 않네. 죽음이 그대 가까이에 있네.

일천 번을 산다 해도 역시 죽는다네. 한 번뿐인 삶. 살아있는 것이 더 낫다네. 오, 존귀한 사람이여, 살아 있어야 좋은 일을 이룰 수 있다네.

경건한 삶을 살면서 불공양[141]이나 올리면 여러 가지 좋은 일이 엮어질 것인데, 정진으로 그대는 무엇을 원하는가.

정진에의 길은 어려운 것, 나아가기도 어렵고 들어가기도 어렵다네.
이렇게 싯구를 읊으면서 악신이 부처님 근처에 섰다.

악신이 그렇게 말하자, 세존께서 이렇게 말씀하셨다.

139　Nerañgarâ. 니련선하(尼連禪河). 갠지스강의 지류. Niranjana.
140　Namuki. 석가모니가 악신 Mara를 가리켜 일컬을 말. 파순(波旬). Namucci.
141　the sacrificial fire. '희생제(犧牲祭)의 불'이라는 뜻. 배화교(拜火敎), 즉 자이나교에서 '공양물로 바쳐지는 불'을 가리킨다.

오, 그대 게으름뱅이의 친구여. 사악한 자여. 그대가 무슨 목적으로 여기에 왔는가.

최소한의 좋은 일조차 내게는 소용이 없도다. 무슨 좋은 일이 필요한가. 악신이여 말하라.

나는 믿음과 힘을 가지고 있고, 깨달음도 나에게 있다. 이렇게 내 스스로 정진하는데, 어찌하여 그대는 나에게 살아있으라고 말하는가.

이 바람이 저 강물의 흐름마저 말릴 것인데, 내 스스로 정진하는 동안 내 피도 서서히 말라가지 않겠는가.

피가 마르면서 담즙이나 가래도 마르겠지만, 살집이 빠지는 동안 마음이 더 많은 평정을 얻을 것이고, 나의 집중, 깨달음, 그리고 명상도 더욱 확고해질 것이네.

최고의 감흥을 느꼈던 이후로, 이렇게 살아있긴 하지만 나의 마음은 감각적 즐거움을 찾지 않았다네. 살아있는 존재의 청정함을 보게나.

음욕은 그대의 첫 번째 군대라 불리우고, 불만은 그대의 두 번째이며, 그대의 세 번째는 굶주림과 갈증이라 불리우고, 그대의 네 번째는 욕망이라네.

그대의 다섯 번째는 나태와 졸음이라 불리우고, 그대의 여섯 번째는 비겁함이고, 그대의 일곱 번째는 의심이며, 그대의 여덟 번째는 위선과 무감각이라네.

이익, 평판, 명예, 잘못 얻어진 명성, 스스로를 높이면서 다른 사람을 얕보는 사람.

이것이야말로, 오, 나무치여, 그대의 것. 어두운 자의 것, 싸움꾼. 오직 영웅만이 이를 정복하며, 정복하여 기쁨을 얻는다네.

슬프도다, 이 세상에서의 삶이여. 싸움에서의 죽음이 패자로 사는 것보다 낫도다.

세속에 빠진 사문이나 바라문들은 찾지 못하리니, 그들은 덕이 높은 사람들이 걷는 길을 알지 못한다네.

사방팔방에 진을 친 군대, 코끼리를 탄 악신이 보이면 나는 전장에 나아가 그가 나의 영역에서 나를 쫓아내지 못하게 하리라.

사람과 신들의 세계가 정복할 수 없는 그대의 이 군대, 나는 돌로 덜 구워진 흙항아리를 치듯 깨달음으로 부수리라.

나의 생각을 나에게 속하게 하여 나의 주의를 견고하게 하리니, 이 나라 저 나라 돌아다니며 널리 제자들을 기르리라.

그들은 열성적이고 활동적이며, 나의 가르침을 실행하고, 음욕에서도 벗어날 것이니, 그들은 어디든 갈 것이며, 죽음에 이르러서도 슬퍼하지 않으리라.

악신
칠 년 동안 세존을 한 걸음 한 걸음 따라다녔으나, 완벽하게 깨우치신 분, 사려깊은 분에게서 결점을 찾지 못했소.

까마귀가 살덩이처럼 보이는 바위 위를 맴돌았소. 여기 뭔가 부드러운 것을 찾았는데, 맛있는 것인가.

맛있는 것을 얻지 못하자 까마귀는 그곳을 떠나갔소. 그렇게 바위에 다가갔던 까마귀처럼 정나미가 떨어졌소. 우리는 고타마에게서 떠날 것이요.

슬픔을 이겨내는 동안 그의 마음[142]의 줄이 끊어졌고, 그리하여 악한 마음의 야차는 그곳에서 사라졌다.

3-3. 잘 설해진 것

142　lute. 본래는 서양악기의 한 종류를 가리키는 말. 여기에서는 마음의 줄, 즉 심금(心琴)을 나타내는 말로 쓰였다.

잘 설해진 말에 관하여.

그렇게 나는 들었다.
어느 때에 세존께서 사위성의 제다숲에 머물고 계셨다.
세존께서 이렇게 말씀하셨다.
오, 비구들이여. 네 가지 필요조건이 갖춰진 말은 잘 설해진 것이고, 잘못 설해진 것이 아니며, 지혜로운 사람이 흠잡을 것 없고, 비난받을 것도 없도다.

무엇이 네 가지인가.

오, 비구들이여. 비구들은 잘못 설해진 것이 아니라 잘 설해진 것을 말하며, 옳지 않은 것이 아니라 옳은 것을 말하며, 만족스럽지 않은 것이 아니라 만족스러운 것을 말하며, 거짓이 아니라 진실한 것을 말하느니라.

오, 비구들이여. 이러한 네 가지 조건이 갖춰진 말은 잘 설해진 것이고, 잘못 설해진 것이 아니며, 지혜로운 사람이 흠 잡을 것 없고, 비난받을 것도 없도다.

이렇게 세존께서 말씀하셨다. 선서께서 이렇게 말씀하셨고, 위대한 스승께서 또 다음과 같이 말씀하셨다.

올바른 사람들은 잘 설해진 말을 첫 번째라 말한다.
옳은 것을 말하고, 옳지 않은 것을 말하지 않는 것, 그것이 두 번째이다.
만족스러운 것을 말하고, 만족스럽지 않은 것을 말하지 않는 것, 그것이 세 번째이다.
진실한 것을 말하고, 거짓을 말하지 않는 것, 그것이 네 번째이다.

존자 방기사가 자리에서 일어나 가사를 한쪽 어깨에 걸쳐메고 두손 모아 세존을 향해 절하고는 이렇게 말했다.
제게 생각이 떠올랐습니다. 오, 선서시여.

그대에게 생각이 떠오르게 하시요. 오, 방기사여.
라고 세존께서 말씀하셨다.

그러자 존자 방기사가 세존 앞에 서서 적절한 사행시로 찬양하였다.

그 스스로를 괴롭히지 않고
다른 사람도 해치지 않는
그러한 말을 말하십시요.
그러한 말이 진실로 잘 설해진 말입니다.

충만한 기쁨을 받는
만족스러운 말을 하십시요.
죄업을 짓는 일 없이

다른 사람이 만족스러워하는 것을 말하십시요.

진리는 진실로 불멸의 말씀이다.
이것은 참된 말입니다.
진실한 것 안에, 선한 것 안에, 그리고 올바른 것 안에, 올바른 사람들이 굳건히 서 있다.
그렇게 말해집니다.

부처님께서 하신 말씀들이
반드시 열반에 이르게 하여
괴로움을 끝내게 할 것이니,
그런 말씀이 진실로 최상의 말씀입니다.

3-4. 순다리카 바라드바자

부처님께서 순다리카 바라드바자[143]에게 누구에게 공양을 올려야 하는지를 보여주었고, 그리하여 바라문이 마침내 귀의하였다.

그렇게 나는 들었다.

143　Sundarika-bharadvaja. 사람의 이름. Sundarika는 강(江)의 이름.

어느 때에 세존께서 코살라의 순다리카강 강둑 위에 머물고 계셨다. 그리고 그때에 바라문 순다리카 바라드바자가 불로 공양물을 만들어 불에 예배를 올리고 있었다.

바라문 순다리카 바라드바자가 불로 공양물을 만들어 불에 예배를 올리고는, 자리에서 일어나 사대주(四大洲)[144]를 향해 모든 주변을 둘러보며 말했다.

이 공양물 남은 것을 누가 즐겨야 하는가.

바라문 순다리카 바라드바자는 그리 멀지 않은 나무의 밑둥에 머리와 몸에 가사를 두르고 앉아계신 세존을 보았고, 세존을 보고는 왼손에는 공양물 남은 것, 오른손에 물단지를 들고 세존께 다가갔다.

세존께서 순다리카 바라드바자 바라문의 발걸음 소리를 듣고 머리에 쓴 것을 벗었다.

그러자 바라문 순다리카 바라드바자가 생각했다.

이 사람은 수염을 깎았구나. 이 사람은 까까중이구나.

그리고 그곳에서 다시 되돌아가려 했다.

그러자 순다리카 바라드바자 바라문의 마음에 이러한 생각이 일어났다.

바라문들 또한 수염을 깎기도 한다. 더 다가가서 그의 혈통에 대해 물

---

144 the four quarters of the globe. 사대주(四大洲), 사천하(四天下). 고대 인도에서 생각하던 천하의 네 구획. 동쪽 승신주(勝身洲), 남쪽 섬부주(贍部洲), 서쪽 우화주(牛貨洲), 북쪽 구로주(俱盧洲). 인간이 남섬부주에 거주하므로 그곳에서 부처가 출현했지만, 살기 좋기로는 북구로주가 으뜸이라 한다. 남쪽의 섬부주(贍部洲)는 염부주(閻浮洲)라고도 한다.

어보아야겠다.

그래서 바라문 순다리카 바라드바자가 세존께 다가갔고, 다가가서 이렇게 말했다.

그대는 무슨 가문이요.

그러자 세존께서 바라문 순다리카 바라드바자에게 사행시로 답하였다.

나는 바라문도 아니고, 왕의 아들도 아니고, 바이샤도 아니라오.
여러 세속의 사람들을 샅샅이 살펴보면서,
아무것도 지니지 않은 채,
세상을 관조하며 떠다닌다오.

승가리[145]를 입고 머리를 깎은 채 평온하게,
세상의 사람들과 섞이지 않으면서,
집 없이 이리저리 다닌다오.
그대는 가문에 대해 걸맞지 않는 질문을 묻는구려. 오, 바라문이여.

순다리카 바라드바자
선생이시여. 바라문이 바라문을 만나면 틀림없이 묻습니다.
당신은 바라문입니까.

---

145 sanghâti. 법의(法衣), 삼의(三衣), 불가에서 출가한 사람이 입는 세 가지 옷. 속옷은 안타회(安陀會), 중의(中衣)는 울다라승(鬱多羅僧), 겉옷은 승가리(僧伽梨).

3. 훌륭한 것의 장[Maha-vagga]

세존

만일 그대가 '나는 바라문이요.'라고 말하면서, 나를 바라문이 아니라고 말한다면, 나는 그대에게 세 개의 장(章)과 스물네 개의 절(節)로 이루어진 사비티[146]에 대해 묻겠소.

순다리카 바라드바자

무슨 이유로 이 세상에서 대선인과, 사람들과, 찰제리와, 바라문들이 신들에게 풍족하게 공양물을 올립니까.

세존

공양을 올릴 당시에 완벽하게 성취하여, 하나의 신이나 또는 다른 신에게 귀 기울임을 얻은 사람, 그는 성과를 거둘 것이다. 그렇게 나는 말하오.

확실히 그의 공양은 열매를 맺을 것입니다.
라고 바라문이 말했다.
왜냐하면 그러한 성취를 이룬 사람을 보았기 때문입니다. 그러나 당신 같은 사람을 보지 못한 사람들은 공양물이나 즐길 것입니다.

세존

오, 바라문이여, 무언가 물으러 여기에 오셨으니, 물어보시요.
평온하고, 분노가 없고, 괴로움에서 벗어나고, 욕망에서 벗어난 사람,

---

146   Sâvitti. 고대 인도의 서사시 리그베다의 제3편에 나오는 태양신에 대한 찬가.

훌륭한 깨달음을 가진 사람을 발견할지도 모르겠소.

순다리카 바라드바자
나는 공양 올리는 것을 좋아합니다. 오, 고타마이시여. 나는 공양 올리는 것을 원하지만, 그것을 이해하지는 못합니다. 당신이 가르쳐 주십시요. 공양이 어떤 경우에 성과를 얻는지를 말씀해 주십시오.

세존
그렇다면, 오, 바라문이여. 그대의 귀를 내게 빌려주시오. 그대에게 법을 가르쳐 드리겠소.

혈통에 대해 묻지 마시고, 행실에 대해 물으시오.
나무에서 불이 일어나는 것, 그것은 진실이요.
견실한 성자가 비록 낮은 가문에 속한다 해도,
겸손함으로 스스로를 다스리면 고귀하게 될 수도 있을 것이요.

진리로써 다스리는 사람, 절제를 지닌 사람, 성취한 사람, 경건한 삶으로 나아가는 사람.
그러한 사람들은 마땅한 때에 사람들에게 공양을 받으리니, 그대가 보기에 선업을 지닌 바라문에게 공양하시오.

감각적 즐거움을 떠나 집 없이 떠도는 사람, 잘 다스려진 사람, 똑바로 나는 베틀북과 같은 존재.

3. 훌륭한 것의 장[Maha-vagga]

그러한 사람들은 마땅한 때에 사람들에게 공양을 받으리니, 그대가 보기에 선업을 지닌 바라문에게 공양하시요.

열정이 사라진 사람, 감관이 잘 다스려진 사람, 라후[147]의 손아귀에서 벗어난 달처럼 자유롭게 벗어난 사람.
그러한 사람들은 마땅한 때에 사람들에게 공양을 받으리니, 그대가 보기에 선업을 지닌 바라문에게 공양하시요.

애착 없이 세상을 떠도는 사람, 늘 생각에 잠겨있고 이기심을 버린 사람, 그러한 사람들은 마땅한 때에 사람들에게 공양을 받으리니, 그대가 보기에 선업을 지닌 바라문에게 공양하시요.

감각적 즐거움을 떠나 승리자로서 떠도는 사람, 삶과 죽음의 끝을 아는 사람, 깊은 물처럼 완벽하게 행복하고 평온한 사람, 여래는 공양을 받을 만하다오.

올바른 사람과 더불어 올바르고, 올바르지 못한 사람을 멀리 하니, 여래는 무한한 깨달음을 지녔으며, 이 세상에서나 저 세상에서나 때가 묻지 않았으니, 여래는 공양을 받을 만하다오.

속임수 없이, 오만함 없이 사는 사람, 탐욕으로부터 자유롭고, 이기심

---

147 Râhu. 라후(羅睺). 구성(九星)에서의 라후성. 고대 인도에서 아수라 우두머리 가운데 하나. 천문에서는 일식이나 월식을 일으키는 흉성(凶星). 또는 흉신(凶神).

으로부터 자유롭고, 욕망으로부터 자유로운 사람, 분노가 사라진 사람, 평온한 사람, 번뇌의 어두움이 제거된 바라문, 여래는 공양을 받을 만하다오.

마음이 빠져드는 곳이 사라진 사람, 무엇에도 집착이 없는 사람, 이 세상 저 세상 모두에서 아무것도 탐내지 않는 사람, 여래는 공양을 받을 만하다오.

성취된 사람, 강물을 건너 최상의 견해에 따른 법을 알게 된 사람, 지니고 있는 열정을 깨부순 사람, 마지막 몸을 지닌 사람, 여래는 공양을 받을 만하다오.

존재에 대한 열정과 거친 말투들이 파괴되고 소멸되어 존재하지 않는 사람, 성취를 이룬 사람, 모든 면에서 자유로운 사람, 여래는 공양을 받을 만하다오.

모든 인연을 떨쳐내 더 이상 속박이 없는 사람, 오만한 존재들 사이에서 오만함을 벗어난 사람, 그 한계와 대상을 함께 꿰뚫었으니, 여래는 공양을 받을 만하다오.

욕망에 그 자신을 던짐 없이 은둔을 찾는 사람, 남이 가르쳐 준 견해를 극복한 사람, 그에게는 무엇이든 감각의 대상이 없으니, 여래는 공양을 받을 만하다오.

온갖 종류의 모든 법이 그에게 꿰뚫리고 깨뜨려지고 소멸되어 존재하지 않으니, 그는 평온한 사람, 집착을 소멸시켜 자유로워진 사람, 여래는 공양을 받을 만하다오.

속박의 소멸과 생성을 본 사람, 열정에의 길을 완전하게 벗어난 사람, 청정하고, 무결하고, 티끌 없고, 타락하지 않았으니, 여래는 공양을 받을 만하다오.

스스로를 스스로 판단하지 않는 사람, 성취되었고, 우뚝 서있고, 굳건하고, 욕망이 없는 사람, 완고함에서 자유롭고, 의혹에서 자유로운 사람, 여래는 공양을 받을 만하다오.

어리석음의 원인이 없는 사람, 모든 법에 대해 초자연적인 통찰력을 지닌 사람, 마지막 몸을 지닌 사람, 그리하여 완벽한 깨달음을 성취한 사람, 가장 높으신 분, 가장 축복받으신 분, 그로 인해 야차들도 청정해졌다오.

순다리카 바라드바자
저의 공양은 진실한 공양이 될 것입니다. 성취하신 분들 가운데에서도 뛰어나신 그러한 분을 만났기 때문입니다. 범천이 저의 증인이시니, 세존께서 저를 받아들이실 것이고, 세존께서 저의 공양물을 즐기실 것입니다.

세존

사행시로 얻은 것을 나는 즐기지 않는다오.

이것은 분명하게 보는 사람의 법도가 아니라오.

오, 바라문이여. 부처님은 사행시로 얻은 것을 거절한다오.

법이 존재하는 한, 오, 바라문이여. 이것은 관행이라오.

열정이 깨뜨려지신 분, 좋지 않은 행실이 소멸된 분,

위대한 대선인.

완벽하신 분께는 다른 먹을 것, 마실 것을 드려야 한다오.

이것이 선업을 찾는 사람을 위한 복밭이기 때문이라오.

순다리카 바라드바자

좋습니다. 오, 세존이시여.

그러면 알고 싶습니다.

누가 저 같은 사람의 보시를 즐길 것인지.

당신의 가르침을 따른 후 공양을 올릴 때에 누구를 찾아야 하겠습니까.

세존

누구든지 다툼이 없는 사람,

지닌 마음이 고통스럽지 않은 사람,

음욕에서 스스로를 자유롭게 한 사람,

지니고 있던 나태함을 떠나보낸 사람,

누구든지 죄를 이겨내고,
나고 죽는 것을 아는 사람,
지혜를 지닌 성자,
공양에 의지하는 그러한 사람

그에게 먹을 것, 마실 것을 갖추어 경배하고 공경하시오. 그러면 그 보시한 사람들이 복을 받을 것이요.

순다리카 바라드바자
부처님께서는 공양받을 만하십니다. 선업의 가장 좋은 복밭이시며, 온 세상이 공양해야 할 대상이시니, 당신께 올리는 공양은 크나큰 열매를 맺을 것입니다.

그리하여 순다리카 바라드바자 바라문이 세존께 이렇게 말했다.

뛰어나십니다. 오, 존귀하신 고타마이시여. 뛰어나십니다. 오, 존귀하신 고타마이시여.
넘어진 사람을 일으키듯이, 또는 숨겨진 것을 드러내듯이, 또는 잘못된 길로 가는 사람에게 길을 말해주듯이, 또는 눈을 가진 사람이 사물을 볼 수 있도록 어둠 속에서 기름등불을 지니고 계시듯이, 그렇게 존귀하신 고타마께서 여러 가지 방편으로 법을 분명하게 보여주셨나이다. 저는 존귀하신 고타마에게서, 법에서, 승가에서 위안을 얻었으니, 존귀하신 고타마께 가사와 계를 받기를 원하나이다.

순다리카 바라드바자 바라문은 세존께 출가를 허락받았고, 그리하여 구족계를 받았다.

그리하여 존자 바라드바자는 늦게나마 구족계를 받아 외진 곳에 은둔하며 용맹정진하는 삶으로 나아갔고, 짧은 기간 동안 이 생에서 그 자신이 환히 알아 지닌 깨우침을 따라 살았고, 그리고 집을 떠나 집 없는 상태가 된 훌륭한 가문의 사람들이 올바르게 수행할 수 있도록 하기 위해 그 스스로 경건한 삶에서 최상의 완전함을 지녔다.

태어남은 깨뜨려졌고, 경건한 삶으로 이끌어졌다.

해야 할 일이 모두 마쳐졌으니, 이 생에서는 달리 할 것이 없다.

그렇게 그는 생각하였고, 그리하여 존자 바라드바자는 아라한의 한 사람이 되었다.

3-5. 마가

질문을 받으신 부처님께서 마가[148]에게 공양을 받을 만한 사람들과 공양의 축복에 대해서 말씀하셨다.

그렇게 나는 들었다.

---

148 Māgha. 사람의 이름. 범어로는 북극성의 뜻.

어느 때에 세존께서 왕사성의 영취산[149]에 머물고 계셨다. 그때 젊은 사람 마가가 세존께 다가왔는데, 세존께 가서 즐겁게 이야기를 나누었고, 즐겁고 인상적인 대화를 나누고는 한옆에 비켜 앉았고, 비켜 앉은 채 젊은 사람 마가가 세존께 이렇게 말했다.

오, 존귀하신 고타마이시여.
저는 보시를 청하기에 적합하고 너그러운, 아낌없이 베푸는 사람입니다. 저는 정당하게 부를 추구하였고, 정당하게 부를 추구하여 왔으며, 정당하게 벌어들였고, 정당하게 획득한 부에서 한 사람에게, 두 사람에게, 세 사람에게, 네 사람에게, 다섯 사람에게, 여섯 사람에게, 일곱 사람에게, 여덟 사람에게, 아홉 사람에게, 열 사람에게, 스무 사람에게, 서른 사람에게, 마흔 사람에게, 쉰 사람에게, 백 사람에게 나누어 주었고, 훨씬 더 많은 사람에게 주려고 합니다.
오, 존귀하신 고타마이시여.
제가 그렇게 보시하고 그렇게 공양하면 선업을 많이 쌓는 것인지요.

그렇다네, 오, 젊은이여. 그대가 그렇게 공양하는 것은 선업을 많이 쌓는 것이라네.
오, 젊은이여.
그 누군가가 아낌없이 주는 사람이고, 보시를 청하기에 적합하고, 너

---

149 the Vulture's Peak. 영취산(靈鷲山). 영산(靈山). 범어 Griddharaj Parvat, 팔리어로는 gijjhakūṭa. 왕사성을 둘러싼 다섯 산 가운데 동쪽에 있는 산. 기사굴산(耆闍崛山).

그러운 사람이고, 그리고 정당하게 부를 추구하였고, 정당하게 부를 추구하여 왔으며, 정당하게 벌어들였고, 정당하게 획득한 부에서 한 사람에게, 두 사람에게, 세 사람에게, 네 사람에게, 다섯 사람에게, 여섯 사람에게, 일곱 사람에게, 여덟 사람에게, 아홉 사람에게, 열 사람에게, 스무 사람에게, 서른 사람에게, 마흔 사람에게, 쉰 사람에게, 백 사람에게 나누어 주고, 그리고 훨씬 더 많은 사람에게 주면, 선업을 많이 쌓는 것이라네.

그러자 젊은 사람 마가가 세존께 사행시로 말했다.
제가 너그러우신 분, 존귀하신 고타마께 묻습니다.
라고 젊은 사람 마가가 말했다.

노란 가사를 걸치고 집을 떠나 떠도시는 분이시여.
재가수행자이자, 보시를 청하기에 적합한 사람이자, 시주이자, 선업을 원하는 사람이
나름대로 좋은 것을 공양하면서
먹을 것, 마실 것을 이 세상의 다른 사람들에게 나눠준다면,
그러한 공양자의 공양물은 어디에서 복을 받겠습니까.

재가수행자이자, 보시를 청하기에 적합한 사람이자, 시주인 그 사람은, 오, 마가여.
라고 세존께서 말씀하셨다.
선업을 원하여 나름대로 좋은 것을 공양하는 사람 그가,

먹을 것, 마실 것을 이 세상의 다른 사람들에게 나눠준다면,
그와 같은 사람은 그러한 공양에 합당한 복을 받을 것이라네.

재가수행자이자, 보시를 청하기에 적합한 사람이자, 시주인 그 사람은,
라고 젊은 사람이 말했다.
선업을 원하여 나름대로 좋은 것을 공양하는 사람 그가,
먹을 것, 마실 것을 이 세상의 다른 사람들에게 나눠준다면,
말씀해 주십시요, 오, 세존이시여. 그러한 공양물을 바칠 만한 사람들에 대해서.

세존
진실로 어떤 것에도 집착함이 없이, 그리고 어떤 것도 지님이 없이 세상을 떠도는 사람들,
완벽한 사람들, 스스로를 다스리는 사람들,
그러한 사람들에게 마땅한 때에 공양을 올리니, 그대가 보기에 선업을 지닌 바라문에게 공양하라.

모든 속박과 구속을 헤쳐나온 사람들,
다스려지고, 벗어나고, 괴로움으로부터 자유롭고, 욕망으로부터 자유로운 사람들,
그러한 사람들에게 마땅한 때에 공양을 올리니, 그대가 보기에 선업을 지닌 바라문에게 공양하라.

모든 속박에서 풀려난 사람들,

다스려지고, 벗어나고, 괴로움으로부터 자유롭고, 욕망으로부터 자유로운 사람들,
그러한 사람들에게 마땅한 때에 공양을 올리리니, 그대가 보기에 선업을 지닌 바라문에게 공양하라.

열정과 증오와 어리석음을 모두 버리고
욕망을 깨뜨리고 경건한 삶으로 나아가는 사람들,
그러한 사람들에게 마땅한 때에 공양을 올리리니, 그대가 보기에 선업을 지닌 바라문에게 공양하라.

속임수 없이, 오만함 없이 살아가는 사람들,
욕심으로부터 자유롭고, 이기심으로부터 자유롭고, 욕망으로부터 자유로운 사람들,
그러한 사람들에게 마땅한 때에 공양을 올리리니, 그대가 보기에 선업을 지닌 바라문에게 공양하라.

진실로 욕망에 빠지지 않는 사람들,
강을 건너 이기심으로부터 자유롭게 가는 사람들,
그러한 사람들에게 마땅한 때에 공양을 올리리니, 그대가 보기에 선업을 지닌 바라문에게 공양하라.

세상에서 어떤 것도 원함이 없고,
여기에서나 다른 세상에서나,

존재가 끝난 다음의 존재를 원하지 않는 사람들,
그러한 사람들에게 마땅한 때에 공양을 올리니, 그대가 보기에 선업을 지닌 바라문에게 공양하라.

감각적 즐거움을 떠나 출가하여 떠도는 사람들,
잘 다스려진 사람들, 똑바로 나는 베틀북과 같은 사람들,
그러한 사람들에게 마땅한 때에 공양을 올리니, 그대가 보기에 선업을 지닌 바라문에게 공양하라.

열정이 사라진 사람들, 감관이 잘 다스려진 사람들, 라후의 손아귀에서 벗어난 달처럼 자유로운 사람들,
그러한 사람들에게 마땅한 때에 공양을 올리니, 그대가 보기에 선업을 지닌 바라문에게 공양하라.

평온한 사람들, 열정이 사라진 사람들, 분노가 없는 사람들,
그리하여 세상을 떠난 뒤에도 윤회가 없는 사람들,
그러한 사람들에게 마땅한 때에 공양을 올리니, 그대가 보기에 선업을 지닌 바라문에게 공양하라.

스스로를 등불 삼아 세상을 가는 사람들,
어떤 것도 지니지 않고 모든 면에서 자유롭게 벗어난 사람들,
그러한 사람들에게 마땅한 때에 공양을 올리니, 그대가 보기에 선업을 지닌 바라문에게 공양하라.

이 생이 마지막이고, 다시 태어남은 없다.
이렇게 올바르게 깨달은 사람들,
그러한 사람들에게 마땅한 때에 공양을 올리니, 그대가 보기에 선업을 지닌 바라문에게 공양하라.

성취한 사람,
명상을 즐기고, 생각에 잠기고, 철저한 깨달음을 지닌, 많은 사람들의 귀의처가 되는 사람,
그러한 사람들에게 마땅한 때에 공양을 올리니, 그대가 보기에 선업을 지닌 바라문에게 공양하라.

과연 제 질문이 헛되지 않았습니다. 세존께서 제게 공양을 받을 만한 사람들에 대해 말씀해 주셨습니다. 당신께서 이 법을 틀림없이 아시는 것처럼, 당신께서는 진실로 이 세상의 이러한 법을 아십니다.

재가수행자이자, 보시를 청하기에 적합한 사람이자, 시주인 사람이,
라고 젊은 사람 마가가 말했다.
선업을 소망하여 나름대로 좋은 것을 공양하면서, 이 세상 다른 사람에게 먹을 것 마실 것을 나눠준다면, 오, 세존이시여. 그러한 공양물의 축복에 대해서 말씀해 주십시오.

공양하라. 오, 마가여.
라고 세존께서 말씀하셨다.

공양하는 동안에 그대의 마음이 모든 면에서 평온해지리라. 공양하는 사람의 목적은 공양이리니, 여기에 미워하는 마음을 버리고 흔들림 없이 가라.

열정이 사라진 사람은 미워하는 마음을 억누르며 끝없이 다정한 마음을 일구리니, 밤낮으로 쉬임없이 끈기있게 다스리면 모든 경계를 지나 끝없는 선을 펼치리라.

마가
누가 복을 받습니까. 누가 벗어나고 누가 얽매입니까. 어떤 방법으로 사람이 스스로 대범천[150]에 갈 수 있습니까.
묻노니, 오, 성자이시여. 알지 못하는 제게 이것을 말씀해 주십시요.
세존께서는 진실로 오늘 제가 범천을 보았다는 증인이십니다. 왜냐하면 당신은 저희에게 범천과 같으시며, 이것은 진실이기 때문입니다.
사람이 어떻게 대범천에 도달할 수 있습니까. 오, 장엄하신 분이시여.

공양하는 사람은 세 배의 축복이라네. 오, 마가여.
라고 세존께서 말씀하셨다.
그러한 사람은 공양에 합당한 복을 받을 것이고, 그렇게 적절하게 공양하면 보시를 청하기에 적합한 사람 그는 대범천에 들어가리라고 그렇게 나는 말하겠네.

---

150 Brahmaloka. 힌두교에서의 천국. 불가에서는 초선천(初禪天), 범중천(梵衆天), 범보천(梵輔天), 대범천(大梵天)의 색계 사선천의 총칭. 운암은 梵天界, 곽양균은 梵界라고 한역하였다.

이렇게 말씀하시자, 젊은 사람 마가가 세존께 다음과 같이 말했다.

뛰어나십니다. 오, 존귀하신 고타마이시여. 뛰어나십니다. 오, 존귀하신 고타마이시여.
넘어진 사람을 일으키듯이, 또는 숨겨진 것을 드러내듯이, 또는 잘못된 길로 가는 사람에게 길을 말해주듯이, 또는 눈을 가진 사람이 사물을 볼 수 있도록 어둠 속에서 기름등불을 지니고 계시듯이, 그렇게 존귀하신 고타마께서 여러 가지 방편으로 법을 분명하게 보여주셨나이다.
저는 존귀하신 고타마에게서, 법에서, 승가에서 위안을 얻었으니, 존귀하신 고타마이시여, 저를 우바새로 받아주시면 이후 남은 평생 동안 귀의하겠나이다.

3-6. 사비야

금욕방랑수행자[151] 사비야가 의문에 대한 답을 듣기 위해 시간을 내어 여섯 명의 유명한 선생[152]을 찾아갔으나, 의혹을 해결하지 못한 채 고

---

151 Paribbâgaka. 금욕을 하면서 각처를 떠도는 수행자. 금욕방랑수행자(禁欲放浪修行者)는 임의적 표현.
152 the six famous teachers. 육사외도(六師外道).

타마에게 가서 어떻게 해야 바라문, 사문, 목욕수행자[153], 공간사유자[154], 선업수행자[155], 학문의 현자[156], 침묵수행자[157], 내면수행자[158], 지식수행자[159], 정진하는 수행자[160], 잘 다스려진 사람[161], 신지수행자[162], 윤회를 벗어난 성자[163], 행을 갖춘 사람[164], 금욕방랑수행자가 되는지를 물었다.

세존께서 그의 질문에 답하셨고, 그래서 사비야는 마침내 부처님으로부터 가사와 계를 받았다.

그렇게 나는 들었다.

---

153 Nahâtaka. 목욕으로 일신의 죄악을 씻어내려는 수행자. 목욕수행자(沐浴修行者)는 임의적 표현. Nahataka.
154 Khettagina. 농사 지으며 우주의 모든 공간을 사색하는 수행자. 공간사유자(空間思惟者)는 임의적 표현.
155 Kusala. 선행(善行)을 최고의 선으로 여기는 수행자. 선업수행자(善業修行者)는 임의적 표현.
156 Pandita. 언어학, 논리학, 의학, 공예학, 형이상학의 다섯 학문에 능통한 사람. '학문(學問)의 현자(賢者)'는 임의적 표현.
157 Muni. 모니(牟尼). 인자(仁者) 또는 성자(聖者)의 뜻인데, 고대 인도에서는 수행자 또는 침묵하는 사람의 의미로도 쓰였다. '침묵수행자(沈默修行者)'는 임의적 표현.
158 Vedagû. 영혼(靈魂). '안다, 본다'의 뜻도 있다. 불변하는 주체로서의 자아(自我)를 가리키기도 한다. 여기에서는 영혼의 내면을 성찰하는 수행자. 내면수행자(內面修行者)는 임의적 표현.
159 Anuvidita. 박학다식하여 학문적으로 우주의 근본적 원리를 탐구하려는 사람. 지식수행자(智識修行者)는 임의적 표현.
160 DhIra. 본래의 뜻은 노력하는 사람. 힘써 나아가는 사람.
161 Âgâniya. 혈통이나 가문이 좋은 것. 교양이 높은 사람. 코끼리나 말이 잘 길들여진 것.
162 Sottiya. 경전을 잘 아는 사람. 신의 뜻을 잘 아는 사람. 신지수행자(神智修行者)는 임의적 표현.
163 Ariya. 수레바퀴에서 벗어난 사람. 아라한과 유사한 의미. '윤회를 벗어난 성자'는 임의적 표현.
164 Karanavat. Karana는 행(行). 동사로서 '~을 한다'는 뜻. '행(行)을 갖춘 사람'은 임의적 표현.

어느 때에 세존께서 왕사성 대나무숲[165]의 다람쥐 사육장[166]에 머물고 계셨다.

그때 금욕방랑수행자 사비야에게 한 늙은 자애로운 신이 읊조리듯 질문을 던졌다.

그가 누구이든, 오, 사비야여. 사문이든 바라문이든, 그대가 물은 이러한 질문들을 설명해 주는 사람, 그대는 그 사람 곁에서 경건한 삶을 살아야 할 것이다.

사비야 금욕방랑수행자는 그 신으로부터 질문거리를 배워서, 불란가섭[167], 말가리[168], 아기다[169], 바구다[170], 산사야[171], 니건자[172]와 같은 승가

---

165 Veluvana. 죽림원. Velu는 대나무, vana는 원림(園林)을 가리키는 말. 이곳에 최초의 정사(精舍)인 죽림정사가 세워졌다.

166 Kalandakanivâpa. Kalandaka는 다람쥐, nivâpa는 먹여서 키우는 곳, 즉 사육장. PTS사전에는 'of a locality in Veḷuvana, near Rājagaha, where oblations had been made to squirrels'로 되어있다.

167 Pûrana-Kassapa. 불란가섭(不蘭迦葉). 육사외도의 한 사람. 도덕부정론자. 인간의 선행은 선을 행하려는 관념에 의한 것이지, 선업을 쌓거나 과보를 받기 위한 것이 아니며, 길흉화복은 인과나 운명에 의한 것이 아니라 우연에서 비롯되는 필연적인 결과라 하였다.

168 Makkhali-Gosâla. 말가리구리자(末伽梨拘梨子). 육사외도의 한 사람. 숙명론자. 인간의 생사와 길흉화복은 이미 결정되어 있어, 인과, 우연, 의지 등에 의해 좌우되지 않는다고 하였다.

169 Agita-Kesakambali. 아기다시사흠파나(阿耆多翅舍欽婆羅). 육사외도의 한 사람. 유물론자. 인간은 지수화풍 사대원소로 구성되어, 죽으면 영혼이나 의식조차 없다고 보았다. 그러므로 현세의 쾌락과 즐거움이 중요한데, 이를 저해하는 도덕은 불필요한 것이라 하였다.

170 Pakudha-Kakkâyana. 바구다가전연(婆鳩多迦旃延). 육사외도의 한 사람. 불멸론자. 우주만물은 지·수·화·풍·고락(苦樂)·생명·영혼의 일곱 가지로 이루어지며, 생사나 성쇠에 관계없이 불생불멸하므로 인과도 없고 인연도 없고 과보도 없다고 보았다.

171 Sañgaya-Belatthiputta. 산사야비라지자(刪闍耶毘羅胝子). 육사외도의 한 사람. 불가지론자. 진리를 그대로 인식하거나 서술하는 것은 불가능하며, 상황에 따라 달라질 수 있다고 하였다. 제자 목건련과 사리불이 석가모니에 귀의하자 분노를 이기지 못하고 죽었다.

3. 훌륭한 것의 장[Maha-vagga]

나 신도를 이끄는 사문이나 바라문, 잘 알려진 선생들, 유명한 지도자들, 대중들이 뛰어나다고 생각하는 사람들을 찾아갔다.
그는 그들을 찾아갔고, 그들에게 가서 질문거리를 물었다.
금욕방랑수행자 사비야에게 질문을 받은 그들은 제대로 답하지 못했고, 제대로 답하지 못한 채 노여움과 미움과 불편함을 보였고, 반대로 사비야 금욕방랑수행자에게 질문을 하기도 했다.

사비야 금욕방랑수행자의 마음에 이러한 생각이 들었다.
불란가섭, 말가리, 아기다, 바구다, 산사야, 니건자처럼 승가나 신도를 가진 사문이나 바라문들, 잘 알려진 선생들, 유명한 지도자들, 대중들이 뛰어나다고 생각하는 사람들, 그들은 내가 질문을 물었을 때 제대로 답하지 못했고, 제대로 답하지 못하자 노여움과 미움과 불편함을 보였고, 반대로 나에게 이런 문제에 관해 질문을 했다. 나는 아무래도 떠나온 곳으로 되돌아가 감각적 즐거움이나 즐겨야겠다.

그 다음에 사비야 금욕방랑수행자의 마음에 이러한 생각이 일었다.
여기 있는 사문 고타마는 승가와 신도를 둘다 지니고, 잘 알려진 선생이고, 유명한 지도자이고, 대중들이 뛰어나다고 생각하는 사람이니, 아무래도 사문 고타마에게 가서 이 질문을 물어야겠다.

---

172 Nigantha-Nâtaputta. 니건타야제자(尼犍陀若提子). 육사외도의 한 사람. 위대한 영혼이라 일컬어졌다. 자이나교를 창시하였다. 영혼이 물질의 업에 속박되므로, 극단적 고행으로 영혼을 해방시켜야 한다고 주장하였다. 생명에 대한 경의와 연민을 중요하게 여기어, 불살생(不殺生), 불도(不盜), 불음(不淫), 무소유(無所有)를 중요하게 여겼다.

그 다음에 사비야 금욕방랑수행자의 마음에 이러한 생각이 들었다. 불란가섭, 말가리, 아기다, 바구다, 산사야, 니건자, 그들은 노쇠하고, 늙고, 나이 들고, 나이 지긋하고, 노령에 이르렀고, 경험 많은 어른이고, 오래전에 사제가 되었고, 승가와 신도를 지니고 있고, 잘 알려진 선생이고, 유명한 지도자이고, 대중들이 뛰어나다고 생각하는 사문이나 바라문들인데, 그들은 내가 질문을 했을 때 제대로 답하지 못했고, 제대로 답하지 못하자 노여움과 미움과 불편함을 보였고, 반대로 나에게 이런 문제에 관해 질문을 했는데, 사문 고타마가 이러한 질문을 설명할 수 있을까. 사문 고타마는 나이가 젊고 고행에 나선지 얼마 되지 않았다는데.

그 다음에 사비야 금욕방랑수행자의 마음에 이러한 생각이 들었다. 사문 고타마가 젊다고 무시를 해서는 안된다. 그 사문은 젊은 만큼 아직 강력하고 힘차다. 아무래도 사문 고타마에게 가서 이 질문들을 물어야겠다.

그래서 사비야 금욕방랑수행자는 왕사성으로 여행을 떠났고, 여정을 차례대로 따라가, 왕사성, 대나무숲, 다람쥐 사육장, 세존께 이르렀고, 그리하여 세존께 이르러 더불어 즐겁게 이야기를 나누었고, 즐겁고 인상적인 대화를 나눈 후에 한옆에 비켜 앉았으며, 한옆에 비켜 앉은 사비야 금욕방랑수행자가 세존께 사행시로 말했다.

질문에 대한 답을 애타게 바라면서,

3. 훌륭한 것의 장[Maha-vagga]

라고 사비야가 말했다.

간절한 바람과 망설임으로 여기에 왔습니다.

당신께 질문을 차례로 여쭈겠사오니, 이것들을 끝내어 주십시오.

저에게 그것들을 올바르게 설하여 주십시오.

의문에 대한 답을 애타게 바라면서,

라고 세존께서 말씀하셨다.

멀리에서 찾아왔구나. 오 사비야여.

그 질문들을 차례로 물으면, 내가 그것들을 끝내리라.

내가 그것들을 올바르게 설하여 주리라.

질문을 물으라.

오, 사비야여.

그대가 마음속으로 바라는 것이 무엇이든,

그 질문을 내가 끝내리라.

그러자 사비야 금욕방랑수행자의 마음에 이러한 생각이 들었다.

기가 막히구나. 정말로 놀랍다. 다른 사문이나 바라문에게서 얻지 못했던 대접을 고타마께서 해주시는구나.

그렇게 말하면서 그는 기쁘고, 흐뭇하고, 즐겁고, 또 최고로 기쁨에 벅차서 세존께 질문을 올렸다.

무엇을 얻어야 사람들이 그를 비구라고 부릅니까.

라고 사비야가 말했다.
어떻게 해야 자비로운 사람이라 불리우고, 어떻게 해야 스스로를 다 스립니까.
어떻게 해야 깨달은 사람이라 불리울 수 있습니까.
당신께 묻사오니, 세존이시여. 저에게 그것을 설하여 주십시오.

그는 스스로 만든 길을 따라가는 사람, 오, 사비야여.
라고 세존께서 말씀하셨다.
완벽한 행복에 이르렀고, 의혹을 정복한 사람,
이득과 재물을 모두 버리고 살아가는 사람,
다시 태어남을 깨부순 사람,
그가 바로 비구라네.

늘 묵묵히 순종하고 주의를 기울이며,
모든 세상에서 어느 누구도 해치지 않으며,
강을 건너 흐트러짐이 없는 사문,
스스로를 위한 욕망이 없는 사람,
그는 자비롭다네.

지니고 있는 감관을 모든 세상에서
내적으로나 외적으로 닦은 사람,
이 세상과 저 세상을 꿰뚫어 보고
스스로를 닦으며 죽음을 기다리는 사람,

그는 다스려졌다네.

사라지는 것과 다시 나타나는 것, 모든 시간과 윤회를 숙고하여,
번뇌로부터 자유롭고, 죄악으로부터 자유로워진 사람,
청정한 사람, 그리하여 태어남의 소멸을 얻은 사람,
그를 사람들은 깨달은 사람이라 부른다네.

사비야 금욕방랑수행자는 세존의 말씀을 받고 크게 기뻐하였으며, 기쁘게, 흐뭇하게, 즐겁게, 최고로 기쁨에 벅차서, 세존께 또 다른 질문을 여쭈었다.

무엇을 얻어야 사람들이 그를 바라문이라고 부릅니까.
라고 사비야가 말했다.
어떻게 사문입니까. 어떻게 목욕수행자입니까. 어떻게 알몸수행자[173]라 불리워질 수 있습니까.
당신께 묻사오니, 세존이시여. 저에게 그것을 설하여 주십시오.

그는 모든 죄업을 제거하여, 오, 사비야여.
라고 세존께서 말씀하셨다.
티 없이 깨끗하고, 잘 다스려지고,

---

173 Nâga. 자이나교의 알몸수행자. 또는 뱀, 용 등의 물을 관장하는 반인반사(半人半蛇)의 신. 또는 석가모니가 비를 맞지 않게 날개를 펴서 보호했다는 일곱 개의 머리를 가진 뱀, 무찰린다 용왕.

마음이 견고하고, 윤회를 건너 완벽해진 사람,
그렇게 홀로 선 사람을 사람들은 바라문이라 부른다네.

선과 악을 떠난 사람,
번뇌에서 벗어난 사람,
이 세상과 저 세상을 깨달아,
나고 죽는 것을 극복한 사람,
그러한 사람은 그렇게 됨으로써 사문이라 불리워진다네.

모든 세상에서 내적으로나 외적으로
모든 죄업을 씻어내고
시간에 속박되는 신과 인간들 가운데에서
시간에 들지 않는 사람,
그를 그들은 목욕수행자라 부른다네.

이 세상에서 어떤 죄도 저지르지 않은 사람,
모든 속박과 구속을 떠나
어떤 것에도 집착하지 않고
자유롭게 벗어나 있는 사람,
그러한 사람은 그렇게 됨으로써 알몸수행자라 불리워진다네.

사비야 금욕방랑수행자는 세존의 말씀을 받고 크게 기뻐하였으며, 기쁘게, 흐뭇하게, 즐겁게, 최고로 기쁨에 벅차서, 세존께 또 다른 질문을 여쭈었다.

부처님은 누구를 공간사유자라고 말씀하시겠습니까.
라고 사비야가 말했다.
어떻게 선업수행자입니까. 어떻게 학문의 현자입니까. 어떻게 침묵의
수행자라고 불리울 수 있습니까.
당신께 묻사오니, 세존이시여. 저에게 그것을 설하여 주십시오.

신과 인간과 범천의 영역에서, 오, 사비야여.
라고 세존께서 말씀하셨다.
모든 영역을 살펴보고
모든 영역의 근본적인 속박에서 벗어난 사람,
그러한 사람은 그렇게 됨으로써 공간사유자라 불리워진다네.

신과 인간과 그리고 범천의 보물,
모든 보물을 살펴보고
모든 보물의 근본적인 속박에서 벗어난 사람,
그러한 사람은 그렇게 됨으로써 선업수행자라 불리워진다네.

내적으로나 외적으로
모든 종류의 감관을 살펴보고
선명한 깨달음을 지니어 선과 악을 벗어난 사람,
그러한 사람은 그렇게 됨으로써 학문의 현자라 불리워진다네.

모든 세상에서 내적으로나 외적으로
정의로운 것과 정의롭지 않은 것의 법을 깨닫고,
신들과 인간들에게 경배되는 사람,
인연의 그물을 뚫고 나아간 그를 침묵의 수행자라 부른다네.

사비야 금욕방랑수행자는 세존의 말씀을 받고 크게 기뻐하였으며, 기쁘게, 흐뭇하게, 즐겁게, 최고로 기쁨에 벅차서, 세존께 또 다른 질문을 여쭈었다.

무엇을 얻어야 사람들이 그를 내면수행자라고 부르겠습니까.
라고 사비야가 말했다.
어떻게 지식수행자입니까. 어떻게 정진하는 수행자입니까. 어떻게 해야 잘 다스려진 사람이 됩니까.
당신께 묻사오니, 세존이시여. 저에게 그것을 설하여 주십시오.

모든 감각을 정복하고, 오, 사비야여.
라고 세존께서 말씀하셨다.
사문이건 바라문이건
모든 감각을 향한 열정에서 자유로워진 사람,
그는 모든 감각을 정복한 내면수행자라네.

내적으로나 외적으로 명과 색에 대한 망상,
병의 근원을 찾아낸 사람,

그리하여 모든 병의 근본적인 속박에서 벗어난 사람,
그러한 사람은 그렇게 됨으로써 지식수행자라 불리워진다네.

죄업으로 가득한 이 세상을 혐오하는 사람,
지옥의 고통을 정복하고 굳건해진 사람,
굳건하여 힘이 넘치는 사람,
그러한 사람은 그렇게 됨으로써 정진하는 수행자라 불리워진다네.

지니고 있는 속박과 인연의 뿌리를
내적으로나 외적으로 끊어낸 사람,
모든 인연의 근본적인 속박에서 벗어난 사람,
그러한 사람은 그렇게 됨으로써 잘 다스려진 사람이라 불리워진다네.

사비야 금욕방랑수행자는 세존의 말씀을 받고 크게 기뻐하였으며, 기쁘게, 흐뭇하게, 즐겁게, 최고로 기쁨에 벅차서, 세존께 또 다른 질문을 여쭈었다.

무엇을 얻어야 사람들이 그를 신지수행자라 부르겠습니까.
라고 사비야가 말했다.
어떻게 윤회를 벗어난 성자입니까. 어떻게 행을 갖춘 사람입니까. 어떻게 금욕방랑수행자가 될 수 있습니까.
당신께 묻사오니, 세존이시여. 저에게 그것을 설하여 주십시오.

누구든지 잘못된 것이든 떳떳한 것이든, 오, 사비야여.

라고 세존께서 말씀하셨다.

세상의 모든 법을 모두 듣고 깨달아,

모든 면에서 승리하고, 의혹에서 벗어나고, 자유로워지고, 괴로움에서 벗어나면,

그를 사람들은 신지수행자라 부른다네.

열정과 욕망을 끊어내어 지혜로워진 사람,

모태(母胎)에 다시 들지 않는 사람,

세 가지의 상[174]과 진흙탕을 떠나 시간에 들지 않는 사람,

그를 사람들은 윤회를 벗어난 성자라 부른다네.

이 세상에서 행의 성취를 이룬 뛰어난 사람,

늘 법을 깨닫는 사람, 어느 것에도 집착하지 않는 사람,

자유롭게 벗어난 사람,

그리하여 그것들에 대한 열정이 없는 사람,

그는 행을 갖춘 사람이라네.

누구든지 위, 아래, 가로 걸쳐, 그리고 가운데에서

괴로운 결과를 가져올 행위를 자제하는 사람,

깨달음을 지니고 가는 사람,

---

[174] the threefold sign. 알 수 없다. 삼결(三結)을 말하는 것이 아닐까 한다. 삼결은 유신견(有身見), 계금취견(戒禁取見), 의(疑)의 세 가지 의심의 양상.

속임, 오만함, 욕심, 성냄, 명과 색에 종지부를 찍은 사람,
그를 사람들은 성취를 이룬 금욕방랑수행자라 부른다네.

사비야 금욕방랑수행자는 세존의 말씀을 받고 크게 기뻐하였으며, 기쁘고, 흐뭇하고, 즐겁고, 최고로 기쁨에 벅차 자리에서 일어나 겉에 입은 가사를 한쪽 어깨에 걸쳐메고 세존께 합장하여 절하면서, 세존의 면전에서 사행시를 지어 찬양하였다.

사문들의 논쟁과 관련하여,
세 가지 그리고
예순 가지 견해[175]를 정복하시어
어둠의 물줄기를 건너가신 분.

당신께서는 괴로움의 끝 저 너머를 지나셨으니,
당신께서는 완벽하게 깨달으신 성자이시나이다.
저는 열정을 깨뜨린 분 당신을 존경하오니,
당신께서는 장엄하시고, 생각이 깊으시고, 위대한 깨달음을 지니셨나이다.
오, 괴로움을 끝내신 분이시여, 당신은 저를 건네주셨나이다.

---

175 the three and sixty views. 알 수 없다. 'the three'는 위에 나온 'the threefold sign', 삼결(三結)을 말하는 듯하고, 'sixty views'는 석가모니 시대의 육십이견(六十二見)을 가리키는 듯하다. 운암은 '六十及三之異端說'라 하였고, 곽양균은 '六十三種依據名想和詞彙概念的沙門觀點'이라 하였다.

저의 갈망을 보시고 저를 의혹에서 건네주셨으니,
당신을 경배하나이다. 오, 성자이시여.
지혜의 길에서 성취에 이르신 분.
오, 진정한 태양족의 후예이시여, 당신께서는 자비롭나이다.

제가 지녔던 의혹을 말끔하게 씻어내셨으니,
오, 분명하게 보시는 분이시여.
틀림없이 당신은 성자이시며,
완벽하게 깨달으신 당신께는 아무런 장애가 없나이다.

모든 고뇌를 흩어내고 끊어내셨으니,
평온하고, 스스로 다스려지고, 굳건하고, 진실되시나이다.

당신께서 말씀하실 때
모든 신들과 방랑음유성자[176]와 파바타[177]가
당신을 몹시 기뻐하나이다.
죄업이 없는 자의 으뜸이시여, 위대한 영웅이시여.

당신께 경배하나이다. 오, 고결하신 분이시여.
당신께 경배하나이다. 오, 사람 가운데 으뜸이신 분이시여.

---

176 Nârada. 힌두교에서의 방랑하는 성자. 음악가이자 이야기꾼이자 베다와 우파니샤드와 역사에 정통하고, 발음, 문법, 운율, 용어, 의식, 천문학, 명상, 수행에 능통한 사람을 가리키는 말. 인도 고대 서사시 마하바라타와 바가바타 푸르나에서 찬양되는 성자.

177 알 수 없다. Pabbata는 본래 산(山)이라는 뜻이다.

인간과 신들의 세상에는
당신과 견줄 수 있는 사람이 없나이다.

당신께서는 크게 깨달으신 분[178]이시며,
당신께서는 위대한 스승이시며,
당신께서는 악신을 정복한 성자이시니,
욕망을 끊고 건너가시어 이 시대의 사람들을 건네주시나이다.

존재의 바탕들이 당신에 의해 극복되었고,
열정들이 당신에 의해 깨뜨려졌으니,
당신은 사자(獅子)이시며,
욕망으로부터 자유롭고, 두려움과 공포를 떠나셨나이다.

아름다운 연꽃에 물이 달라붙지 못하듯이
그렇게 선과 악, 어느 쪽에도 연연하지 않으시나이다.
발을 뻗어주십시요. 오, 영웅이시여.
사비야가 위대한 스승의 발에 경배하나이다.

그리하여 사비야 금욕방랑수행자는 몸을 굽혀 머리를 세존의 발에 대었고, 세존께 이렇게 말했다.

뛰어나십니다. 오, 존자이시여. 뛰어나십니다. 오, 존자이시여.

---

178 Buddha. 붓다. 부처. '크게 깨달은 사람'의 뜻이다.

넘어진 사람을 일으키듯이, 또는 숨겨진 것을 드러내듯이, 또는 잘못된 길로 가는 사람에게 길을 말해주듯이, 또는 눈을 가진 사람이 사물을 볼 수 있도록 어둠 속에서 기름등불을 지니고 계시듯이, 그렇게 존귀하신 고타마께서 여러 가지 방편으로 법을 분명하게 보여주셨나이다. 저는 존귀하신 고타마에게서, 법에서, 승가에서 위안을 얻었으니, 존귀하신 세존께 가사와 계를 받기를 원하나이다.

오, 사비야여.
다른 종파에 속했던 사람이 이 교단에 들어가기를 원하고, 가사와 계를 받기를 원한다면, 넉 달 동안 봉사하고, 넉 달이 경과한 후에 기대가 만족된 비구들이 비구가 되도록 가사와 계를 줄 것인데, 나 또한 이 문제가 사람마다 차이가 있음을 알고 있다네.

만약에, 오, 존자이시여. 다른 종파에 속했던 사람이 이 교단에 들어가기를 원하여, 가사와 계를 받기 위해 넉 달 동안 봉사하고, 넉 달이 경과한 후에 기대가 만족된 비구들이 비구가 되도록 가사와 계를 준다면, 저는 넉 달 동안 봉사할 것이며, 그리하여 넉 달이 경과되면 기대가 만족된 비구들이 제가 비구가 될 수 있도록 가사와 계를 주실 것입니다.

사비야 금욕방랑수행자는 세존으로부터 가사와 계를 받았다. 그리하여 존자 사비야는 늦게나마 구족계를 받았으며, 외진 곳에 은둔하여 용맹정진하는 삶으로 나아갔고, 짧은 기간 동안 이 생에서 그 자신이 환히 알아서 지닌 깨우침을 따라 살았으며, 집을 떠나 집 없는 상태가 된 훌륭한 가문의 사람들이 올바르게 수행할 수 있도록 하기 위해 그 스스로 경건한 삶에서 최상의 완전함을 지녔다.
태어남은 깨뜨려졌고, 경건한 삶으로 이끌어졌다.
해야 할 일이 모두 마쳐졌으니, 이 생에서는 달리 할 것이 없다.
그렇게 그는 생각하였고, 그리하여 존자 사비야는 성자의 한 사람이 되었다.

3-7. 셀라

결발외도[179] 케니야가 다음 날 함께 식사를 나누자고 그의 승단으로 부처님을 초청하였다.
바라문 셀라가 삼백 명의 젊은 사람들과 함께 그 장소에 도착했는데, 준비하는 것을 보고는 무슨 일이냐고 물었고, 그리하여 부처님이 다음 날 약속되어 있다는 대답을 들었다.
부처님이란 말을 듣고 셀라는 부처님이 계시는 곳을 물었고, 그리로 가서 더불어 대화를 나누었으며, 그리하여 개종하였고, 그를 따라온 사람들도 그렇게 되었다.

---

179 Gatila. 석가모니 시대 수행자의 한 가지. 머리를 땋아 늘어뜨렸으므로 결발외도(結髮外道)라고 하였다. Jatila.

그렇게 나는 들었다.

어느 때에 세존께서 앙구타라파에서 큰 무리의 비구, 일천이백오십 명의 비구들과 함께 유행하시어, 앙구타라파의 큰 마을 아파나로 가셨다.

머리를 땋은 수행자 케니야는 다음과 같은 말을 들었다.
대사문이신 존자 고타마, 석가족의 가문을 버리고 나온 석가족의 아들께서 큰 무리의 비구, 일천이백오십 명의 비구들과 함께 앙구타라파에서 유행하시어 아파나에 도착하였는데, 다음과 같은 훌륭하게 찬양하는 말들이 존자 고타마를 맞이하였다.

그렇다. 그는 세존이시며, 존자이시며[180], 완전하게 깨우치신 분이시며[181], 지혜와 실천을 갖추셨으며[182], 행복하신 분이며[183], 세간에 대해 잘 아시며[184], 비할 데 없는 분이시며[185], 다스려져야 할 사람들의 마부이시며[186], 위대한 스승이시며[187], 신과 인간에 대해 깨달은 분이시며[188],

---

180 the venerable. 여래십호에서의 응공(應供). 곧 아라한(阿羅漢). arhat, 팔리어 arahant.
181 the perfectly enlightened. 여래십호의 정변지(正遍知). 올바른 깨달음을 얻은 자. 정각자(正覺者), 정등각자(正等覺者), 삼막삼불타(三藐三佛陀). samyaksa.
182 endowed with science and works. 여래십호의 명행족(明行足). Viggakarana.
183 the happy. 알 수 없다. 운암과 곽양균의 한역(漢譯)에는 선서(善逝)로 되어 있다. 선서는 Sugata로서 여래십호의 하나인데, 대개 'well gone'으로 표기된다.
184 knowing the world, 여래십호의 세간해(世間解).
185 the incomparable. 여래십호의 무상사(無上士). 'unsurpassed'라고도 번역된다.
186 the charioteer of men that are to be subdued. 여래십호의 조어장부(調御丈夫).
187 the master. 여래십호의 천인사(天人師).
188 the enlightened of gods and men. 여래십호의 불(佛), 즉 부처.

3. 훌륭한 것의 장[Maha-vagga]

장엄하신 분이시다[189].

그는 이 세상과 신들, 악신들, 범천들의 세상, 그리고 사문과 바라문, 신과 인간을 포함하는 세상에서 그들과 얼굴을 맞대고 깨우치신 것을 가르치셨는데, 처음도, 중간도, 나중도 좋은 그가 가르치신 그 법은 뜻이 알차고 말이 풍부하여 정말로 완벽하다. 그는 경건한 삶을 가르치는데, 그래서 그러한 성자의 모습이 좋다.

결발외도 케니야는 세존이 계신 곳으로 갔고, 즐겁게 대화를 나누었고, 즐겁고 인상적인 대화를 나누고는 한옆으로 비켜 앉았는데, 결발외도 케니야가 한옆에 비켜 앉은 동안, 세존께서 경건한 대화를 통해 가르치시고, 조언하시고, 분발케 하시어 그를 기쁘게 하였다.
그리하여 결발외도 케니야는 경건한 대화를 통해 세존께 가르침을 받았고, 조언을 받았고, 분발케 함을 받고는 세존께 이렇게 말했다.

존자 고타마이시여. 비구의 무리들과 함께 내일 저의 음식을 받아주십시요.

이렇게 말하자, 세존께서 결발외도 케니야에게 답하셨다.
오, 케니야여. 비구의 무리가 너무 큽니다. 일천이백오십 비구이고, 게다가 그대는 다른 바라문들과 친밀합니다.

---

189 the glorious. 여래십호의 세존(世尊). Bhagavat.

두 번째로 결발외도 케니야가 세존께 이렇게 말했다.
그렇지만, 오, 존귀하신 고타마이시여. 비구의 무리가 너무 커서 일천이백오십 비구이고, 제가 다른 바라문들과 친밀한 사이라 해도, 존자 고타마이시여. 비구들과 함께 내일 저의 음식을 받아주십시오.

두 번째로 세존께서 케니야 결발외도에게 이렇게 말씀하셨다.
오, 케니야여. 비구의 무리가 너무 큽니다. 일천이백오십 비구이고, 게다가 그대는 바라문들과 친밀합니다.

세 번째로 결발외도 케니야가 세존께 이렇게 말했다.
그렇지만, 오, 존귀하신 고타마이시여. 비구의 무리가 너무 커서 일천이백오십 비구이고, 그리고 제가 다른 바라문들과 친밀한 사이라 해도, 존자 고타마이시여. 비구들과 함께 내일 저의 음식을 받아주십시오. 세존께서 침묵으로써 승낙하셨다.

결발외도 케니야는 세존의 동의를 얻은 후에 자리에서 일어나 그의 거처로 갔고, 친구들과 수행원들, 친척과 일족들에게 말했다.

나의 존귀하신 친구들과 수행원들, 친척과 일족들은 나의 말을 들으시오. 대사문 고타마께 내일 음식을 드시라고 초청하였소. 비구의 무리들도 함께. 그러하니 여러분들이 몸소 수고해 주셔야 합니다.

그러겠습니다. 오, 존귀하신 분이시여.

라고 결발외도 케니야의 친구들과 수행원들, 친척과 일족들이 말했다. 그의 요청에 따라, 누구는 불 피울 구덩이를 팠고, 누구는 장작을 쪼갰고, 누구는 그릇을 닦았고, 누구는 물항아리를 갖다놓았고, 누구는 자리를 준비했다.
결발외도 케니야는 몸소 둥그런 대형 천막을 준비했다.

그때에 바라문 셀라는 아파나에서 살고 있으면서, 세 가지 베다[190], 어휘학, 제식학[191], 어원학[192], 다섯 번째로서의 이티하사[193], 운율에 정통한 사람[194], 문법학자[195]로서 완벽하였고, 대중적인 논쟁에서나 거룩한 사람의 상호에서 한 가지도 부족한 것이 없었으며, 삼백 명의 젊은이들에게 송가[196]를 가르쳤다.

그때에 결발외도 케니야는 바라문 셀라과 친밀한 사이였다. 그래서 바라문 셀라는 삼백 명의 젊은이들에게 둘러싸인 채 발걸음을 옮겨, 결발외도 케니야의 거처에 도착하였었다.

---

190 베다(Veda). 고대 인도 바라문교의 경전. 리그베다, 사마베다, 야주르베다.
191 Ketubha. 제식학(祭式學). Kalpa Sutra. 바라문교 제사의 절차와 의의 등을 다루는 학문. 베단가의 한 가지. 베단가는 베다 연구를 위해 파생된 여섯 가지 보조학문.
192 etymology. 어원학(語源學). 여섯 베단가 가운데 니루크타(nirukta).
193 Itihâsa. 역사(歷史). 전승(傳承). 바라문교의 모든 서사시. 마하바라타, 라마야나, 바가바드 기타를 포함한다. 4베다 이후 새롭게 편입되었으므로 다섯 번째라고 말한 것이다.
194 versed in metre. '음보에 따라 싯구를 짓는 사람', 시인 또는 음운학자. metre는 음보(音步)인데, 음보는 강음과 약음으로 이루어지는 음절의 단위.
195 grammarian. 문법학자. 즉 여섯 가지 베당가 가운데 문법학의 학자.
196 the hymns. 베다를 말한다. 베다는 송가(頌歌)로 구성되어 있다.

바라문 셀라는 케니야의 거처에서 결발외도들을 보았는데, 그들 가운데 어떤 사람은 불구덩이를 파고 있고, 어떤 사람은 장작을 쪼개고 있고, 어떤 사람은 그릇을 씻고 있고, 어떤 사람은 물항아리들을 늘어놓고 있었고, 어떤 사람은 자리를 준비하고 있었으며, 결발외도 케니야는 몸소 둥그런 대형 천막을 준비하고 있었다.

결발외도 케니야를 보자, 그는 이렇게 말했다.
존귀하신 케니야께서는 아들이나 딸의 결혼을 축하하려는 것입니까. 아니면 머지않아 큰 제사가 있습니까. 아니면 강대한 군사를 지닌 마가다의 왕 빈비사라를 그의 군대와 함께 내일 초청했습니까.

나는 아들이나 딸의 결혼을 축하하려는 것이 아니며, 강대한 군사를 지닌 마가다의 왕 빈비사라를 그의 군대와 함께 내일 초청한 것도 아니지만, 머지않아 내게는 큰 제사가 있습니다.
대사문 고타마, 석가족 가문을 버리고 나온 석가족의 아들께서 앙구타라파에서 큰 무리의 비구, 일천이백오십 비구들과 함께 만행하시다가 아파나에 도착하셨으며, 다음과 같은 훌륭한 찬양하는 말들이 존자 고타마를 맞이하였습니다.

그렇다. 그는 세존이시며, 존자이시며, 완전하게 깨우치신 분이시며, 지혜와 실천을 갖추셨으며, 행복하신 분이시며, 세간에 대해 잘 아시며, 비할 데 없는 분이시며, 다스려져야 할 사람들의 마부이시며, 위대한 스승이시며, 신과 인간에 대해 깨달으신 분이시며, 장엄하신 분이시다. 그분이 비구들과 함께 내일 나의 초청을 받으셨습니다.

3. 훌륭한 것의 장[Maha-vagga] 169

당신은 그를 깨달은 사람 부처님이라고 말합니까. 오, 존귀하신 케니야여.

그렇습니다. 나는 그렇게 말합니다. 오, 존귀하신 셀라여. 그 분은 깨달으신 분 부처님이십니다.

당신은 그를 깨달은 사람 부처님이라고 말합니까. 오, 존귀하신 케니야여.

그렇습니다. 나는 그렇게 말합니다. 오, 존귀하신 셀라여. 그 분은 깨달으신 분 부처님이십니다.

그러자 바라문 셀라에게 이런 생각이 떠올랐다.

이렇게 부처라고 불리우는 경우는 드물다. 그러나 우리의 송가에서는 거룩한 사람에게 서른두 가지의 상호가 나타난다고 하였다. 이것을 지니는 거룩한 사람에게는 두 가지가 있고, 더 이상은 없다.

만약 그가 여염에서 살고 있으면, 그는 왕이며, 온 세상의 왕이며, 몹시 경건한 왕이며, 사방의 주인이며, 정복자이며, 백성들을 안전하게 하는 일곱 가지 보물을 지닌 사람이다.

그의 일곱 가지 보물[197]은 이름하여, 보배 바퀴[198], 보배 코끼리[199], 보배

---

197 the seven gems. 전륜성왕이 지니는 칠보(七寶). 금, 은, 구리, 쇠의 네 가지가 있는데, 금륜보(金輪寶)는 사대주(四大洲)를 다스리고, 은륜보는 삼대주, 동륜보는 두 곳의 대주(大洲), 철륜보는 하나의 대주를 다스린다고 한다.

198 the wheel gem. 윤보(輪寶). 금륜보(金輪寶). 칠보의 하나. 수레처럼 생긴 보물. 전륜성왕이 즉위할 때 하늘에서 날아온 수레. 잠깐 사이에 천하를 돌아올 수 있고, 눈깜박할 사이에 가고자 하는 곳에 이른다고 한다.

199 the elephant gem. 상보(象寶). 백상보(白象寶). 칠보의 한 가지. 흰 코끼리. 꼬리에 구슬이 꿰여있고, 칠보 빛깔의 여섯 개 어금니를 가진다. 힘이 세며, 물을 건너도 젖지 않고, 물이 움직이지도 않는다고 한다.

말[200], 보배 진주[201], 보배 여인[202], 보배 집사[203], 그리고 일곱 번째로서의 보배 장군[204]이다.

그는 일천 명이 넘는 아들이 있는데, 영웅들이며, 커다란 몸집과 힘을 지니고 외적을 쳐부순다. 그는 신의 지팡이도 없고 무기도 없이, 오로지 정의만으로 이 큰 바다로 둘러싸인 땅을 정복하여 살고 있다.

그러나 만일 그가 집을 떠나 집 없는 상태가 되면, 그는 완벽하게 깨달은, 세상의 장막을 벗겨내는 성자가 될 것이다.

그렇다면, 오, 존귀하신 케니야여. 성자이면서 완벽하게 깨달으신 분, 존귀하신 고타마는 지금 어디에 계십니까.

결발외도 케니야가 오른팔을 뻗으며 다음과 같이 바라문 셀라에게 말했다.

---

200 the horse gem. 마보(馬寶). 감마보(紺馬寶). 칠보의 한 가지. 붉은빛의 파란 말. 갈기에 구슬이 꿰여있다. 빗질 하면 떨어지고 새 구슬이 나온다. 말이 밟은 땅은 모두 금이 된다고 한다.
201 the pearl gem. 주보(珠寶). 여의주보(如意珠寶). 칠보의 한 가지. 여의주. 허공에 매달면 나라 전체가 대낮과 같이 밝아진다고 한다.
202 the woman gem. 여보(女寶). 옥녀보(玉女寶). 칠보의 한 가지. 옥같이 아름다운 여인. 조용하고 단정하며, 몸이나 이목구비가 길지도 짧지도 않으며, 크지도 작지도 않으며, 희지도 검지도 않으며, 억세지도 부드럽지도 않으며, 겨울에는 몸이 따뜻하고, 여름에는 시원하며, 몸에서 전단향이 풍겨나고, 입에서는 우발라꽃 향기가 나오며, 말씨가 부드럽고 몸가짐은 의젓하며, 위엄있는 법도를 잃지 않는다고 한다.
203 the householder gem. 거사보(居士寶). 칠보의 한 가지. 보배창고에 재물이 마르지 않고, 땅속, 물속의 보배를 꿰뚫어 보고, 주인이 있는지 없는지 알 수 있어. 주인이 있으면 보살펴 지켜주고, 왕에게 올린다.
204 the chief gem. 장보(將寶). 병보(兵寶). 주병보(主兵寶). 칠보의 한 가지. 용병과 전술, 지휘에 뛰어난 장수. 가는 곳마다 승리한다.

3. 훌륭한 것의 장[Maha-vagga]

저기 푸른 숲의 경계에 계십니다. 오, 존귀하신 셀라여.

바라문 셀라가 삼백 명의 젊은이들과 함께 세존이 계신 곳으로 갔다. 바라문 셀라가 그들 젊은이들에게 말했다.
그대들이여, 오라. 존귀한 사람들이여. 소리 내지 말고 한 걸음씩 한 걸음씩 걸어서. 세존은 홀로 걷는 사자처럼 다가가기가 어렵다네. 그러니 내가 존귀하신 대사문 고타마께 말할 때, 그대들은 입밖에 말을 내어 어지럽히지 말고 기다리라. 존자들이여, 내 말이 끝날 때까지.

바라문 셀라는 세존이 계시는 곳으로 갔고, 그곳에 가서 세존과 함께 즐겁게 이야기했으며, 즐겁고 인상적인 대화를 나눈 후에 한옆으로 비켜 앉았고, 한옆에 비켜 앉은 동안 셀라 바라문은 세존의 몸에서 거룩한 사람의 서른두 가지 상호를 찾아보았다.
바라문 셀라는 세존의 몸에서 두 가지를 제외한 거룩한 사람의 서른두 가지 상호를 보았는데, 거룩한 사람의 두 가지 상호와 관련하여 의문이 일어났다.
음경이 몸속에 들어가 있는지[205], 커다란 혀를 가지고 있는지, 확인하지 못하여 확신이 서지 않았으며, 납득할 수 없었다.

그러자 이러한 생각이 세존께 일어났다.

---

205 he member being enclosed in a membrane. 'member'에는 음경(陰莖)의 뜻이 있다. membrane은 세포막을 가리키는데, 여기서는 피부의 뜻으로 쓰였다. 그러므로 본문은 음부장상(陰部藏相)을 가리키는 말이 된다.

이 바라문 셀라가 나에게서 두 가지를 제외한 거룩한 사람의 서른두 가지 상호를 보고는, 거룩한 사람의 두 가지 상호와 관련하여 의문을 가졌구나.

음경이 몸속에 들어가 있는지, 커다란 혀를 가지고 있는지, 확인하지 못하여 확신이 서지 못했고, 납득하지 못했구나.

그리하여 세존께서 바라문 셀라가 몸속에 들어가 있는 세존의 음경을 볼 수 있도록 신통력을 발휘하였다. 그 다음 혓바닥을 내밀어 양쪽 귀를 톡톡 치며 건드렸고, 양쪽 콧구멍을 톡톡 치며 건드리고는 앞이마 전체를 빙둘러 혀로 덮었다.

그러자 이러한 생각이 바라문 셀라에게 일어났다.

대사문 고타마가 거룩한 사람의 서른두 가지 상호를 모두 지니고 있구나. 그것들이 모두 있고 어느 것도 없지 않지만, 그렇다 해도 나는 아직 그가 부처인지 아닌지 알지 못한다. 나는 늙거나 젊은 바라문들, 교사들과 그들의 옛날 교사들에게서, 성자나 완벽하게 깨달은 사람들이 그들을 찬양하는 말이 나올 때에 그들 스스로를 분명하게 드러낸다는 말을 들었다. 내 생각에는 적절한 사행시로 대사문 고타마를 면전에서 찬양하는 것이 좋겠다.

그리하여 바라문 셀라는 세존을 면전에서 적절한 사행시로 찬양했다.

그대는 완벽한 몸을 가지셨구려.

그대는 눈부시게 빛나고, 태생도 좋고, 모습도 아름답구려.
그대는 황금빛을 지니셨구려. 오, 세존이시여.
그대는 매우 흰 치아를 가지셨고, 튼튼하구려.

모든 상호가 태생이 좋은 분께 있구려.
거룩한 사람의 상호들,
그것들이 당신의 몸에 있구려.

당신은 빛나는 눈, 당당하고 잘 생긴 얼굴을 가지셨구려.
당신은 크고, 똑바르고, 위풍이 있구려.
당신은 사문의 무리 속에서 태양처럼 빛나는구려.

당신은 훌륭한 풍채의 비구,
당신은 황금 같은 피부를 가졌구려.
최상의 아름다움을 지니신 당신에게
사문이 되는 것이 무슨 소용이요.

당신은 왕, 온 세상의 왕중의 왕[206],
사대주(四大洲)의 지배자, 정복자,
염부주(閻浮洲)[207]의 주인이 되어야 마땅하구려.

---

206 a king of universal kings. 본래의 뜻은 전륜성왕(轉輪聖王).
207 the jambu grove. 사대주 남쪽의 대주(大洲). 섬부주(南贍部洲). 염부주(閻浮洲). 남쪽에 있으므로 남섬부주 또는 남염부주라고 한다. 본래의 뜻은 '염부나무의 숲'.

찰제리와 부유한 왕들이
그대를 받드는구려.
다스리소서. 오, 고타마여.
왕중의 왕으로, 인간의 지도자로서.

나는 왕이라오. 오, 셀라여.
라고 세존께서 말씀하셨다.
비할 데 없이 경건한 진리의 몸,
나는 정법[208]으로 수레바퀴를 돌린다오.
벗어날 수 없는 수레바퀴를.

당신은 스스로 완벽하게 깨달았다고 말하는구려.
라고 바라문 셀라가 말했다.
바라문이여, 비할 데 없이 경건한 진리의 몸, 나는 정법으로 수레바퀴를 돌린다오.
라고 당신이 말했소. 오, 고타마여.

누가 당신의 대장이고, 제자이며,
위대한 스승의 계승자인가요.
누가 당신 이후에 진리의 수레바퀴를 돌리나요.

내가 돌리던 수레바퀴는, 오, 셀라여.

---

[208] justice(dhammena). justice는 정의(正義). dhammena는 '법다운 것', 즉 정법(正法).

라고 세존께서 말씀하였다.

비할 데 없는 진리의 수레바퀴는 사리불[209]이 이어서 돌릴 것이요. 그는 여래를 닮아가고 있다오.

알아야 할 것을 알았고, 일구어야 할 것을 일구었고,
남겨 놓아야 할 것을 내가 남겨 놓았으니,
그러므로 나는 깨달은 사람 부처라오. 오, 바라문이여.

나에 대한 의혹을 다스리고, 믿음을 가지시요. 오, 바라문이여. 깨달은 사람 부처는 되풀이하여 만나기 어렵다오.

그들의 나타남이 그대에게 되풀이되기 어렵나니, 오, 바라문이여. 나는 완벽하게 깨달은 사람, 비할 데 없는 의사라오.

가장 뛰어나고, 비길 데 없으며, 악신의 군대를 쳐부수는 사람, 모든 적들을 굴복시켜 나는 모든 면에서 견고함을 누린다오.

셀라
오, 존귀한 분들이여. 이 분에게 주목하시요.
분명하게 보시는 분의 말씀처럼, 그는 의사이며, 위대한 영웅이구려. 숲속의 사자처럼 포효하는구려.

---

209 Sâriputta. 사리불(舍利佛). 사리자(舍利子). 석가모니 십대제자 가운데 한 사람. 지혜제일. 석가모니에 앞서 열반하였다. 석가모니는 그의 열반을 무척 애통해했다.

가장 뛰어나신 분, 비할 데 없으신 분, 악신의 군대를 쳐부수신 분, 설사 검은 피부의 혈통210일지라도 누구라도 그분을 보는 사람은 진정되지 않는구려.

나와 생각이 같은 사람은 따라오시요.
나와 생각이 다른 사람은 떠나가시요.
나는 즉시 뛰어난 깨달음을 지니신 그분께 나아가 계를 받겠소이다.

셀라의 추종자들
완벽하게 깨달으신 분의 이 가르침이 당신을 기쁘게 했다면, 저희 또한 뛰어난 깨달음을 지니신 분께 나아가 계를 받겠습니다.

삼백 명의 바라문들이 두손 모아 합장하며 말했다.
저희는 당신이 보는 앞에서, 오, 세존이시여. 경건한 삶을 닦기를 원하나이다.

경건한 삶을 잘 가르쳤군요. 오, 셀라여.
라고 세존께서 말씀하셨다.
현세이면서 시간을 초월하는 것211, 그것을 배우기 위해 수행자가 되

---

210 black origin(kaṇhâbhijātika). 고대 인도에서 정복자 아리안족이 아닌 검은 피부의 원주민 드라비다족을 가리키는 말. 석가모니는 찰제리, 크샤트리아 출신이므로 아리안에 속한다.

211 instantaneous immediate. instantaneous는 팔리어 경전에서 sanditthikam이고, an immediate는 akalikam이다. 전재성의 주석에 의하면, sanditthikam은 '현세' 또는 '지금 여기'이고, akalikam은 '무시간적인, 시간에 매이지 않는' 의미를 지닌다고 하였다.

는 것은 헛된 일이 아니라오.

그리하여 바라문 셀라는 그의 무리들과 함께 세존의 앞에서 가사와 계를 받았다.

케니야 결발외도는 그 밤이 지나자 그의 거처에 맛 좋은 단단한 음식과 부드러운 음식을 차려놓고 세존께 시간을 알렸다.
시간이 되었습니다. 오, 존귀하신 고타마이시여. 식사가 준비되었습니다.
세존께서 아침에 의복을 걸쳐입고 발우와 가사를 들고 결발외도 케니야의 거처로 갔고, 거기에 가서 비구의 무리들과 함께 준비된 자리에 앉았다.

결발외도 케니야는 비구 무리들의 상석에 계신 부처님께, 맛좋은 단단한 음식과 부드러운 음식을 만족해하며 그의 손으로 날랐다.
그리고 식사를 마치고 발우를 내려놓은 세존께 가서 낮은 자리를 골라 한옆에 비켜 앉았는데, 케니야 결발외도가 한옆에 비켜 앉은 동안 세존께서 이러한 사행시로 그를 기쁘게 하였다.

희생제 가운데 으뜸은 불의 희생제이고,
송가 가운데 으뜸은 사비티[212]이며,
왕은 사람 가운데 으뜸이고,
바다는 물 가운데 으뜸이라오.

---

212   Sâvitti. 고대인도의 서사시 리그베다의 제3편에 나오는 태양신에 대한 찬가.

별 중에는 달이 으뜸이고,
해는 타오르는 것의 으뜸이며,
선업을 소망하여 공양하는 사람 가운데는
승가가 진실로 으뜸이라오.

세존께서 이러한 사행시들로 케니야 결발외도를 기쁘게 하고 자리에서 일어나 돌아갔다.

존자 셀라는 그의 무리와 함께 외진 곳에 은둔하며 용맹정진하는 삶으로 나아갔고, 짧은 기간 동안 이 생에서 그 자신이 환히 알아서 지닌 깨우침을 따라 살았고, 그리고 집을 떠나 집 없는 상태가 된 훌륭한 가문의 사람들이 올바르게 수행할 수 있도록 하기 위해 그 스스로 경건한 삶에서 최상의 완전함을 지녔다.
태어남은 깨뜨려졌고, 경건한 삶으로 이끌어졌다.
해야 할 일이 모두 마쳐졌으니, 이 생에서는 달리 할 것이 없다.
그렇게 그는 생각하였고, 그리하여 존자 셀라는 그의 무리들과 함께 성자의 한 사람이 되었다.

존자 셀라는 무리와 함께 세존께 나아갔고, 가서 겉옷 가사를 한쪽 어깨에 걸쳐메고, 합장하여 세존을 향해 절을 하며 사행시로 말했다.

오늘부터 여드레 전 당신께 귀의하였기 때문에,
오, 분명하게 보시는 분이시여.

일곱 번의 밤 동안, 오, 세존이시여.
저희가 당신의 가르침을 연마하였나이다.

당신은 깨달으신 분 부처님이시고,
당신은 위대한 스승이시며,
당신은 악신을 정복하신 성자이시며,
애착을 끊어내고 건너가시어 이 중생들을 떠안으셨나이다.

존재의 바탕을 극복하시고,
열정을 깨뜨리시니,
당신은 무엇으로도 잡을 수 없는 사자이시며,
두려움과 공포를 떠나셨나이다.

저희들 삼백 명 비구가 합장하며 여기 섰나니,
당신의 발을 뻗어주십시오.
오, 영웅이시여.
용[213]들이 위대한 스승의 발에 경배하게 해주십시오.

---

213 Nâgas. 용(龍). 본래의 뜻은 뱀 또는 반인반수(半人半獸)의 뱀신. 여기서는 존자 셀라를 포함하는 삼백 명의 비구. 석가모니가 무찰린다 연못에서 선정에 들었을 때 비가 쏟아졌는데, 이때 무찰린다의 용왕인 뱀이 나와서 날개를 펼쳐 석가모니를 보호했다는 전승이 있다. 용은 천룡팔부, 팔부신중의 하나에 속한다.

3-8. 화살

삶이 짧은 모든 유한한 존재들은 죽음의 지배를 받지만, 그러나 세상의 실상[214]을 아는 현명한 사람은 슬퍼하지 않는다. 그리하여 슬픔을 떠난 그 사람들은 축복을 받을 것이다.

이 세상에서의 유한한 삶은 원인도 없고, 이름도 없고, 근심이 많고, 덧없고, 그리고 괴로움과 결합되어 있다.

태어난 것들에게는 죽음을 피할 어떤 방법도 없는 까닭에, 노령에 이른 후에는 죽음이 있다. 그러한 것이 살아있는 존재의 본질이다.

잘 익은 과일이 먼저 떨어질 위험이 있는 것처럼, 태어난 유한한 존재들은 늘 그렇게 죽음의 위험 가운데 있다.

도공이 흙으로 빚어낸 모든 그릇들이 깨어짐으로 끝이 나듯, 유한한 존재들의 삶도 그러하다.

어리거나, 어른이거나, 어리석은 사람이거나, 현명한 사람이거나, 모두 죽음의 위력에 떨어지며, 모두가 죽음의 지배를 받는다.

214　the terms. 조건 또는 기간. 형이상학적 조건이나 기간을 나타내기 위해 실상(實相)이라는 말로 대체하였다. 이하 같다.

죽음을 극복하지 못한 사람들이 다른 세상으로 가는데, 아버지는 아들을 구하지 못하고, 친척들은 친족을 구하지 못한다.

유념하라.
친척들이 지켜보며 크게 애통해 하는 사이에, 유한한 존재들은 하나씩 하나씩, 도살되는 숫소처럼 쓰러져 간다.

그렇게 세상은 죽음과 쇠락에 시달리지만, 세상의 실상을 아는 현명한 사람은 슬퍼하지 않는다.

그대의 길은 그대가 알 수 없는 길이어서, 그대가 올 때나 갈 때나 양쪽 생의 어느 쪽 결말도 알지 못하니, 그대는 헛되이 슬퍼하는 것이다.

슬퍼하는 사람에게 무언가 이득이 있다면, 현명한 사람들도 똑같이 따라하겠지. 어리석음이 그 자신을 해친다 해도.

눈물을 흘리고 슬퍼하는 것으로는 누구도 마음의 평화를 얻지 못하리니, 괴로움이 커질수록 몸도 괴로움을 받을 것이다.

야위고 핼쑥해지고, 스스로가 스스로를 해치리니, 죽음에서 구제되지 못했다고 애통해 봐야 아무 소용 없으리.

슬픔을 떠나지 못해 괴로움에 더욱 깊이 빠져들고, 죽음을 비통해 하면서도 죽음의 힘에 빠져든다.

다른 사람들이 죽어가는 것을 보라.
행업에 따라 죽어가는 사람들, 죽음의 위력에 빠져들어 떨고 있는 존재들.

사람들은 생각하는 방식에 따라 이루어지는 것이 다르고, 그래서 실망이 더욱 커진다. 보라, 세상의 실상을.

사람이 백 년을 넘게 산다 해도, 마침내는 친척이나 동료들과 헤어져야 하리니, 이 세상에서의 삶을 떠나야 하는 것이다.

그러므로 사람들이여, 성자의 말씀을 듣고 스스로의 애통함을 다스리라. 가버렸거나 죽은 사람을 보라.
'그는 더 이상 나를 보지 못할 뿐이다.'

집에 불이 나면 물로 끄듯이, 그렇게 현명하고, 분별있고, 학식있고, 영리한 사람들은 슬픔에서 재빨리 떠나버린다. 보풀이 바람에 날리는 것처럼.

행복을 찾는 사람은 애통, 불평, 슬픔이라는 화살을 뽑아내야 한다.

화살을 뽑아내어 의존함이 없으면 마음의 평화를 얻을 것이고, 모든 슬픔을 이겨내어 슬픔에서 자유롭게 되리니, 마침내 열반에 이르리라.

3-9. 바세타

바라드바자와 바세타, 두 젊은이 사이에서 논쟁이 일어났는데, 바라드바자는 사람의 출생에 따라 바라문이 된다고 주장하였고, 바세타는 행위에 따른다고 하였다.
그들은 사문 고타마에게 가서 물어보자고 합의했는데, 고타마는 단지 행업에 의해서만 바라문이 된다고 답하였다.
두 젊은이는 귀의하였다.

그렇게 나는 들었다.
어느 때에 세존께서 이차낭카라[215]에 있는 이차낭카라 숲에 머물고 계셨다. 그때에 많은 저명하고 부유한 바라문들이 이차낭카라에 살고 있었는데, 대바라문 캄킨, 대바라문 타루카, 대바라문 포카라사티, 대바라문 가누소니, 대바라문 토데야, 그리고 다른 저명하고도 부유한 바라문들이었다.

그때에 이러한 대화가 두 젊은이 바세타와 바라드바자가 산책하는 동안에 일어났다.
어떻게 해야 바라문이 될까.

215　Ikkhânamkala. 고대 인도 코살라의 지명. 우카타 지방 폭카리사디(Pokkharasati) 근처에 있는 바라문 마을. 베다를 가르치고 학습하는 중심지였다고 한다.

젊은 사람 바라드바자가 말했다.
어떤 사람이 어머니 쪽과 아버지 쪽, 양쪽 모두 출생이 고귀하고, 칠대 조상에 이르기까지 순수한 잉태이고, 출생의 시점에서 버려지거나 욕됨이 없으면, 이렇게 되면 그 사람이 바라문이요.

젊은 사람 바세타가 말했다.
어떤 사람이 덕이 있고 행업을 지녔다면, 이렇게 되면 그 사람이 바라문이요.

젊은 사람 바라드바자는 젊은 사람 바세타를 설득하지 못했고, 젊은 사람 바세타도 젊은 사람 바라드바자를 설득하지 못했다. 그래서 젊은 사람 바세타가 젊은 사람 바라드바자에게 말했다.

오, 바라드바자여.
여기 사문 고타마, 석가족의 가문을 버리고 나온 석가족의 아들이 이차낭카라에서, 이차낭카라 숲에 머물고 계시는데, 다음과 같은 훌륭한 찬양하는 말이 존자 고타마를 맞이하였다오.
그러니까 그는 세존이시며, 존자이시며, 깨달으신 분이시며, 장엄하신 분이다.

우리 가십시다. 오, 존귀하신 바라드바자여.
대사문 고타마가 계시는 곳으로 가십시다. 그곳에 가서 이 일에 대하여 대사문 고타마에게 물어보십시다. 그리하여 대사문 고타마께서 답

변하시는 대로 우리도 그렇게 받아들이십시다.

매우 좋습니다. 오, 존귀하신 분이시여.
라고 젊은 사람 바라드바자가 젊은 사람 바세타에게 대답했다.

그리하여 젊은 사람 바세타와 바라드바자는 세존이 계시는 곳으로 갔고, 가서는 세존과 더불어 즐겁게 이야기를 나누었고, 약간의 유쾌하고 인상적인 대화를 나눈 후에 한옆으로 비켜 앉았다. 한옆에 비켜 앉은 젊은 사람 바세타가 세존께 사행시로 말했다.

저희는 세 가지 베다의 교사로서
인정받고 알려졌으며,
저는 포카라사티[216]에 속하고,
이 젊은 사람은 타루카[217]에 속합니다.

저희는 세 가지 베다를 익히는 사람들에게 요구되는
모든 지식을 성취하였으며,
저희는 파다카[218]이자, 해설자[219]이며,

---

216 Pokkharasati. 이차낭카라에 살고 있었던 바라문의 이름. 지혜와 학식이 매우 높은 인물이었으며, 장아함 암밧타경의 주인공인 암밧타(Ambaṭṭha)가 그의 제자라고 한다.
217 Târukkha. 이차낭카라에 살고 있던 저명한 바라문.
218 padaka(versed in metre). padaka는 리그베다에 정통한 사람. versed in metre는 '음보에 따라 시를 짓는 사람', 시인 또는 음운학자. 상세한 것은 상계주 참조.
219 Veyyakarana(grammarians?). Veyyakarana는 해설자(解說者). grammarians는 여섯 베당가 가운데에서의 문법학자.

암송으로는 저희 선생님들과도 견줄 수 있습니다.

저희는 태생에 관해 논쟁을 했습니다. 오, 고타마이시여.
바라드바자가 말하기를, 사람은 출생에 따라 바라문이 된다고 했고,
저는 말하기를, 행위에 따르는 것이라 하였습니다.
이 점을 아십시오. 오, 분명하게 보시는 분이시여.

저희는 둘다 각각 서로를 설득할 수 없어,
완벽하게 깨달은 분으로 찬양되는 당신께 물어보고자 왔습니다.
보름달을 흠모하는 사람들이 두손 모아 높이 들고 경배하듯,
세상에서는 고타마에게 그렇게 합니다.

저희가 세상에 눈으로써 오신 고타마께 여쭙나니,
사람이 출생에 따라 바라문이 됩니까,
아니면 행위에 따라 그렇게 됩니까.
알지 못하는 저희에게 말씀해 주십시오. 바라문을 알 수 있도록.

내가 그대들에게 설하리니, 오, 바세타여.
라고 세존께서 말씀하셨다.
살아있는 존재들의 정확한 차이점을 종(種)에 따라 마땅한 순서대로
말하리라. 그 종들도 여러 가지이니까.

그대들이 풀과 나무를 알고 있듯이, 드러나 보이지 않아도 종들에게

는 그들만의 특징이 있는데, 그래서 그 종들이 여러 가지라네.

애벌레들, 날벌레들, 여러 종류의 개미들을 알고 있듯이, 종들에게는 그들만의 특징이 있는데, 그래서 그 종들이 여러 가지라네.

그대들이 또 네 발 달린 것의 큰 것, 작은 것을 알고 있듯이, 종들에게는 그들만의 특징이 있는데, 그래서 그 종들이 여러 가지라네.

그대들이 또 뱀이나 목덜미가 긴 뱀을 알고 있듯이, 종들에게는 그들만의 특징이 있는데, 그래서 그 종들이 여러 가지라네.

그대들이 또 물속에 있는 다양한 물고기들을 알고 있듯이, 종들에게는 그들만의 특징이 있는데, 그래서 그 종들이 여러 가지라네.

그대들이 또 하늘을 가로질러 이동하며 날갯짓으로 나아가는 새들을 알고 있듯이, 종들에게는 그들만의 특징이 있는데, 그래서 그 종들이 여러 가지라네.

이러한 종들에게는 종을 구성하는 특징이 풍부하지만, 사람에게는 종을 구성하는 특징들이 풍부하지 않다네.

머리카락, 머리, 귀, 눈, 입, 코, 입술이나 눈썹에 관한 것이 아니고,

목, 어깨, 배, 등, 엉덩이, 가슴, 여성들의 성기, 성교에 관한 것도 아니고,

손, 발, 뺨, 손톱, 종아리, 허벅지, 피부빛이나 음성에 관한 것들도 다른 종처럼 종을 구성하는 특징이 되지 못한다네.

육신을 지닌 존재에는 차이점이 있겠지만, 그러나 사람들 사이의 이것은 그 경우가 아니니, 사람 사이의 차이점은 이름뿐이라네.

사람들 가운데에는 누가 되었든 소를 기르며 살아가는 사람들이 있는데, 이를 알라. 오, 바세타여. 그는 농부이지 바라문이 아니라네.

사람들 가운데에는 누가 되었든 여러 가지 기술이나 솜씨로 살아가는 사람들이 있는데, 이를 알라. 오, 바세타여. 그는 장인(匠人)이지 바라문이 아니라네.

사람들 가운데에는 누가 되었든 사고 파는 것으로 살아가는 사람들이 있는데, 이를 알라. 오, 바세타여. 그는 상인이지 바라문이 아니라네.

사람들 가운데에는 누가 되었든 남의 일을 해주며 살아가는 사람들이 있는데, 이를 알라. 오, 바세타여. 그는 일꾼이지 바라문이 아니라네.

사람들 가운데에는 누가 되었든 도둑질로 살아가는 사람들이 있는데, 이를 알라. 오, 바세타여. 그는 도둑이지 바라문이 아니라네.

사람들 가운데에는 누가 되었든 활쏘기로 살아가는 사람들이 있는데, 이를 알라. 오, 바세타여. 그는 군사이지 바라문이 아니라네.

사람들 가운데에는 누가 되었든 가정의 의례를 치러주며 살아가는 사람들이 있는데, 이를 알라. 오, 바세타여. 그는 제관(祭官)이지 바라문이 아니라네.

사람들 가운데에는 누가 되었든 마을이나 지역을 지배하는 사람들이 있는데, 이를 알라. 오, 바세타여. 그는 왕이지 바라문이 아니라네.

그래서 나는 출생이나 모계 혈통으로 그 사람을 바라문이라 부르지 않는다네. 그를 바라문이라고 부를 수도, 부자(富者)라고 부를 수도 있지만, 그러나 아무 것도 지니지 않고, 어느 것에도 구애되지 않는 사람, 그를 나는 바라문이라 부른다네.

누가 되었든 속박을 끊어내고, 두려워 떨지 않으며, 인연을 떨쳐내어 자유로워진 사람, 그를 나는 바라문이라 부른다네.

사람에게 붙어다니는 모든 가죽줄, 가죽끈, 밧줄을 잘라내고, 장애물을 깨뜨린 사람, 깨달은 사람, 그를 나는 바라문이라 부른다네.

누구든지 죄가 없으면서도 욕됨, 주먹질, 속박을 견디는 사람, 인내가 강하여 이 강력함을 무기로 삼는 사람, 그를 나는 바라문이라 부른다네.

분노로부터 자유롭고, 행과 덕을 지니고, 욕망이 없고, 다스려지고, 그리하여 최후의 몸을 받은 사람, 그를 나는 바라문이라 부른다네.

연잎 위의 물방울처럼, 바늘 끝의 겨자씨처럼, 감각적 즐거움에 연연하지 않는 사람, 그를 나는 바라문이라 부른다네.

이 세상에서 그의 괴로움이 소멸되었음을 아는 사람, 짐을 내려놓았고, 그리하여 자유롭게 벗어난 사람, 그를 나는 바라문이라 부른다네.

심오한 깨달음을 가진 사람, 지혜로운 사람, 진실한 길과 잘못된 길을 아는 사람, 최고의 선에 이른 사람, 그를 나는 바라문이라 부른다네.

재가수행자나 출가수행자와 어울리지 않는 사람, 집 없이 유행하는 사람, 그리하여 원하는 것이 별로 없는 사람, 그를 나는 바라문이라 부른다네.

목숨 해치는 것을 삼가하는 사람, 두려워 떠는 것이나 힘센 것들을 죽이지 않거나 죽이는 원인을 일으키지 않는 사람, 그를 나는 바라문이라 부른다네.

적대적인 사람들 가운데에서 적대적이 아닌 사람, 폭력적인 사람들 가운데에서 평화로운 사람, 집착하는 사람들 가운데에서 집착하지 않는 사람, 그를 나는 바라문이라 부른다네.

겨자씨가 바늘 끝에서 떨어지듯, 열정과 미움, 오만과 위선을 떨어낸 사람, 그를 나는 바라문이라 부른다네.

진실한 말을 입밖에 내는 사람, 교훈적인 사람, 완고함에서 자유로운 사람, 무엇으로든 다른 사람을 불쾌하게 하지 않는 사람, 그를 나는 바라문이라 부른다네.

길거나 짧거나 간에, 작거나 크거나 간에, 좋거나 나쁘거나 간에 주어지지 않은 것을 취하지 않는 사람, 그를 나는 바라문이라 부른다네.

이 세상이나 다음 세상에 대한 욕망이 없는 사람, 욕망이 없어 자유롭게 벗어난 사람, 그를 나는 바라문이라 부른다네.

욕망이 없는 사람, 모든 것을 알아 의혹에서 자유로운 사람, 불멸의 깊은 곳에 이르른 사람, 그를 나는 바라문이라 부른다네.

이 세상에서 선과 악의 인연을 모두 극복한 사람, 슬픔과 번뇌로부터 자유롭고, 청정한 사람, 그를 나는 바라문이라 부른다네.

달처럼 흠결없고, 청정하고, 조용하고, 마음이 흔들리지 않는 사람, 기쁨을 깨부순 사람, 그를 나는 바라문이라 부른다네.

윤회와 어리석음의 통과하기 힘든 수렁을 통과한 사람, 건너간 사람, 건너편 언덕에 도달한 사람, 명상에 잠겨있고, 욕망과 의혹에서 자유롭고, 집착없이 평온한 사람, 그를 나는 바라문이라 부른다네.

이 세상에서의 감각적 즐거움을 포기하고 출가하여 유행하는 사람,

그리하여 감각적 즐거움의 존재를 깨뜨린 사람, 그를 나는 바라문이라 부른다네.

이 세상에서의 욕망을 포기하고 출가하여 유행하는 사람, 그리하여 욕망의 존재를 깨부순 사람, 그를 나는 바라문이라 부른다네.

인간적 집착을 떠나고 천상에의 집착을 극복한 사람, 그리하여 모든 집착에서 벗어난 사람, 그를 나는 바라문이라 부른다네.

즐거움과 역겨움을 떠나 평온하고, 존재의 바탕에서 자유로운 사람, 영웅인 사람, 그리하여 모든 세상을 정복한 사람, 그를 나는 바라문이라 부른다네.

존재의 소멸과 재출현을 완전하게 알아서 거리낌이 없는 사람, 행복한 사람, 그리하여 깨달은 사람, 그를 나는 바라문이라 부른다네.

신들도 알지 못하고, 건달바[220]도 알지 못하고, 사람도 알지 못하는 방편을 지닌 사람, 그리하여 열정이 깨뜨려진 사람, 성자인 사람, 그를 나는 바라문이라 부른다네.

아무것도 없는 사람, 앞에도, 뒤에도, 중간에도, 아무것도 지니지 않은 사람, 그리하여 집착하지 않는 사람, 그를 나는 바라문이라 부른다네.

---

220   Gandhabb. 건달바(乾達婆). 불법을 수호하는 팔부중의 하나. 남방 지국천왕의 권속. 또는 음악의 신.

황소 같은 사람, 걸출하고, 영웅이고, 위대한 현인이고, 승리자이고, 욕망으로부터 자유롭고, 청정하고, 환하게 깨달은 사람, 그를 나는 바라문이라 부른다네.

전생을 아는 사람, 천국과 지옥을 둘다 보고, 그리하여 태어남의 소멸에 이르른 사람, 그를 나는 바라문이라 부른다네.

세상에서 '이름'과 '가족'이라 특정되어지는 것은 다만 용어일 뿐이고, 이승과 저승이라 말해지는 것도 그저 그렇게[221] 알아들어질 따름이라네.

오랫동안 무지한 견해에 사로잡혀 있었던 그 무지한 사람이 나에게 말했다네. 사람은 출생에 따라 바라문이 된다고.

출생에 따라 바라문이 되는 것이 아니며, 출생에 따라 바라문이 되지 않는 것도 아니라네. 행업에 따라 바라문이 되고, 행업에 따라 바라문이 되지 않기도 한다네.

행업에 따라 농부이고, 행업에 따라 장인이고, 행업에 따라 상인이고, 행업에 따라 일하는 사람이라네.

행업에 따라 도적이고, 행업에 따라 군사이고, 행업에 따라 제관이고, 행업에 따라 왕이라네.

---

221 by common consent. 본래의 뜻은 '대중적 합의 또는 사회적 동의에 따라서'이다.

그래서 지혜로운 사람, 사물의 원인을 보고 행업의 결과를 깨닫는 사람은 있는 그대로의 이 행업을 알고 있다네.

행업에 따라 세상이 존재하고, 행업에 따라 인류가 존재하니, 살아있는 것들이 구르는 수레바퀴의 고정핀[222]처럼 행업에 얽매여 있다네.

고행에 따라, 경건한 삶에 따라, 자기 절제에 따라, 그리고 자제함에 따라, 이러한 것에 따라 바라문이 되는 것이며, 그러한 사람이 최상의 바라문이라네.

그는 세 가지의 지식[223]을 지닌 사람, 평온한 사람, 그리하여 다시 태어남이 깨뜨려진 사람, 이를 알라. 오, 바세타여. 그는 지혜로운 자, 대범천과 제석천이라네.

이렇게 말을 마치자, 젊은 사람 바세타와 바라드바자가 세존께 다음과 같이 말했다.

뛰어나십니다. 오, 존귀하신 고타마이시여. 뛰어나십니다. 오, 존귀하신 고타마이시여.
넘어진 사람을 일으켜 주듯이, 숨겨진 것을 드러내듯이, 또는 잘못된 길로 들어가는 사람에게 길을 말해주듯이, 또는 눈을 가진 사람이 사

---

222 linch-pin. 마차의 바퀴를 축대에 고정시키는 철제의 핀.
223 the threefold knowledge. 세 가지의 베다.

물을 볼 수 있도록 어둠 속에서 기름등불을 지니고 계시듯이, 그렇게 존귀하신 고타마께서 여러 가지 방편으로 법을 분명하게 보여주셨나이다.

저희는 존귀하신 고타마에게서, 법에서, 승가에서 위안을 얻었으니, 저희를 우바새로 받아주시면 이후로 남은 평생 동안 귀의하겠나이다.

3-10. 코칼리야

코칼리야가 사리불과 목건련[224]에 대해 부처님께 나쁘게 말했다. 그래서 부처님과 헤어지자마자 종기가 돋아났고, 죽어서 파두마 지옥[225]으로 갔는데, 그 일로 부처님께서 험담하는 사람에 대한 지옥에서의 형벌을 비구들에게 설명하셨다.

그렇게 나는 들었다.
어느 때에 세존께서 사위성 제타숲에 있는 급고독장자의 원림에 머물고 계셨다.

---

224 Moggallâna. 목건련(目犍連). 목련존자. 십대제자의 한 사람. 신통제일. 지옥에 들어가 어머니를 구했다는 목련구모의 설화가 목련경에 전해진다.
225 Paduma hell. 팔한지옥의 하나인 발특마지옥(鉢特摩地獄). 극심한 추위로 얼어터진 몸이 붉은 연꽃과 같다 하여 파드마 지옥이라 한다. Paduma는 홍련(紅蓮)을 가리키는 말.

그때에 비구 코칼리야가 세존께 다가왔고, 다가와서 세존 주위를 돌고는 한옆에 비켜 앉았다. 비켜 앉은 비구 코칼리야가 세존께 이렇게 말했다.

오, 존귀하신 분이시여. 사리불과 목건련이 사악한 욕망을 가지고 있습니다. 사악한 욕망의 힘에 빠졌습니다.

이렇게 말하자, 세존께서 비구 코칼리야에게 다음과 같이 말했다.
그러지 말라, 코칼리야여. 그러지 말라, 코칼리야여. 화를 가라앉히라. 오, 코칼리야여. 사리불과 목건련에 대해 존경하는 마음을 가지라. 사리불과 목건련은 원만하도다.

두 번째로 비구 코칼리야가 세존께 이렇게 말했다.
그렇지만, 오, 존귀하신 세존이시여. 저는 충직하고 신용할 만합니다. 그러나 사리불과 목건련은 사악한 욕망을 가졌고, 사악한 욕망의 힘에 빠졌습니다.

두 번째로 세존께서 비구 코칼리야에게 이렇게 말했다.
그러지 말라. 코칼리야여. 그러지 말라. 코칼리야여. 화를 가라앉히라. 오, 코칼리야여. 사리불과 목건련에 대해 존경하는 마음을 가지라. 사리불과 목건련은 원만하도다.

세 번째로 비구 코칼리야가 세존께 이렇게 말했다.

그렇지만, 오, 존귀하신 세존이시여. 저는 충직하고 신용할 만합니다. 그러나 사리불과 목건련은 사악한 욕망을 가졌고, 사악한 욕망의 힘에 빠졌습니다.

세 번째로 세존께서 비구 코칼리야에게 이렇게 말했다.
그러지 말라. 코칼리야여. 그러지 말라. 코칼리야여. 화를 가라앉히라. 오, 코칼리야여. 사리불과 목건련에 대해 존경하는 마음을 가지라. 사리불과 목건련은 원만하도다.

그러자 비구 코칼리야가 자리에서 일어나 세존께 절을 하고 오른쪽으로 돌아서 가버렸다. 그리고는 얼마 되지 않아 온몸에 겨자씨만 한 종기가 돋아났다.
겨자씨만 하던 크기가 강낭콩만 하게 되었고, 강낭콩만 하던 크기가 병아리콩만 하게 되었고, 병아리콩만 하던 크기가 대추씨[226]만 하게 되었고, 대추씨만 하던 크기가 대추알[227]만 하게 되었고, 대추알만 하던 크기가 암라 열매[228]만 하게 되었고, 암라 열매만 하던 크기가 덜익은 빌바 열매[229]만 하게 되었고, 덜익은 빌바 열매만 하던 크기가 빌리

---

226 Kolatthi egg. PTS원문의 주석에 'the seed of jujube', 즉 대추씨라는 내용이 있다.
227 the jujube fruit. 대추나무 열매. 즉 대추알.
228 the emblic myrobalan. 암라(Amla), 아말라키(Amalaki). '여우주머니'라는 아열대 교목의 열매. 식용 또는 약용한다.
229 the unripe beluva fruit. beluva는 곧 빌바(bilva). 목귤(木橘) 나무의 열매. 덜익은 열매에 지혈작용이 있다. 잘익은 열매는 매우 큰데, 음료수 셔벗의 재료로 쓰인다.

열매[230]만 하게 되었고, 빌리 열매만 한 크기가 나중에는 터져서 고름과 피가 흘러나왔다.

그리하여 비구 코칼리야는 그 병으로 죽었고, 사리불과 목건련에 대한 적개심을 보인 것 때문에 죽어서 파드마 지옥으로 갔다.

그 밤이 지났을 때, 아름다운 용모를 지닌 대범천왕이 모든 제타숲을 환히 비추면서 세존께 다가갔고, 다가가서 세존께 절하고 한옆에 비켜섰으며, 한옆에 비켜서서 대범천왕이 세존께 이렇게 말했다.

오, 존귀하신 분이시여. 코칼리야 비구가 죽었고, 죽은 후에는, 오, 존귀하신 분이시여. 사리불과 목건련에 대해 적개심을 보인 것 때문에 파드마 지옥으로 갔습니다.

이렇게 말하고는 세존께 절하고 오른쪽으로 돌아서 걸어나가 그곳에서 모습이 사라졌다.

그 밤이 끝난 뒤에 세존께서 비구들에게 이렇게 말씀하셨다.
지난밤에, 오, 비구들이여. 밤이 지날 무렵에 아름다운 용모의 대범천왕이 모든 제타숲을 환히 비추면서 세존께 다가왔고, 다가와서 세존

230　billi fruit. 알 수 없다. PTS원문 주석에 'the marmelos tree'라고 되어있다. marmelos는 인도 전역과 동남아이세 자생 또는 재배되는 교목으로써 bael이라고도 하며, 그 열매는 매우 향기로워 셔벗이나 젤리의 재료로 쓰이고, 일명 황금 사과라고도 한다.

께 절을 하고 한옆에 비켜섰고, 한옆에 비켜서서 대범천왕이 세존께 이렇게 말했도다.

오, 존귀하신 분이시여. 코칼리야 비구가 죽었고, 죽은 후에는, 오, 존귀하신 분이시여. 사리불과 목건련에 대해 적개심을 보인 것 때문에 파드마 지옥으로 갔습니다.

오, 비구들이여. 이렇게 말하고 내게 절하고 오른쪽으로 돌아서 걸어 나갔고, 그곳에서 모습이 사라졌도다.

한 비구가 세존께 물었다.
파드마 지옥에서는, 오, 존귀하신 분이시여. 사람의 수명이 얼마나 깁니까.

길도다. 오, 비구여. 파드마 지옥에서의 수명은 몇 년이 되거나 몇백 년이 되거나 몇천 년이 되거나 몇만 년이 되거나 하여, 각각 헤아리기가 쉽지 않도다.

그러나 비유로 말한다면 가능하지 않을까요. 오, 존귀하신 분이시여.

가능하도다. 오, 비구여.
라고 말씀하시고, 세존께서 또 말씀하셨다.

그것은 마치, 오, 비구여. 참깨씨 이십 가리[231]를 담은 코살라의 창고에서, 한 사람이 백 년이 지날 때마다 한 알씩 참깨씨를 꺼내는데, 그러면 이십 가리가 들어있는 코살라 창고의 참깨씨가, 오, 비구여, 이러한 방법으로 점점 줄어서 없어진다 해도 아부다 지옥[232]의 한 번보다 더 빨리 사라질 것이로다.

그리고 스무 번의 아부다 지옥도, 오, 비구여. 한 번의 니라부다 지옥[233]과 같으며, 스무 번의 니라부다 지옥도, 오, 비구여. 한 번의 아바바 지옥[234]과 같으며, 스무 번의 아바바 지옥도, 오, 비구여. 한 번의 아하하 지옥[235]과 같으며, 스무 번의 아하하 지옥도, 오, 비구여, 한 번의 아타타 지옥[236]과 같으며, 스무 번의 아타타 지옥도, 오, 비구여, 한 번의 쿠무다 지옥[237]과 같으며, 스무 번의 쿠무다 지옥도, 오, 비구여,

---

231 khari. 가리(佉梨). 고대 인도 코살리의 도량형. 4말이 1아라, 4아라가 1독롱나, 16독롱나가 1사마나, 16사마나가 1마니, 20마니가 1가리, 20가리가 1창(倉).

232 Abbuda hell. 아부타 지옥(阿浮陀地獄). 알부타 지옥(頞部陀地獄). 팔한지옥의 하나. 살갗이 탱탱 얼어 물집이 거품처럼 생겨난다는 지옥. Abbuda는 거품 또는 물거품의 뜻.

233 Nirabbuda hell. 니라부타 지옥(泥羅浮陀地獄). 니랄부타 지옥(尼剌部陀地獄). 팔한지옥의 하나. 너무 추워 몸이 풍선처럼 부풀다 터진다는 지옥. Nirabbuda는 갈라서 터진다는 뜻.

234 Ababa hell. 아파발 지옥(阿波跋地獄). 확확파 지옥(臛臛婆地獄). 팔한지옥의 하나. 너무 추워 혀가 굳어지므로, 말을 하면 '아바바'로 들린다는 지옥.

235 Ahaha hell. 호호파 지옥(虎虎婆地獄). 팔한지옥의 하나. 너무 추워 입을 열지 못해 말을 하면 '아하하'로 들린다는 지옥.

236 Atata hell. 알찰타 지옥(頞哳吒地獄). 팔한지옥의 하나. 너무 추워 터져나오는 신음소리가 '아타타'라고 들린다는 지옥.

237 Kumuda hell. 구물다 지옥(拘物茶地獄). 구물두 지옥(拘物頭地獄). 금강산 사이에 있다고 하는 십대지옥. Kumuda는 황련(黃蓮)을 가리키는 말.

3. 훌륭한 것의 장[Maha-vagga]

한 번의 소간디카 지옥[238]과 같으며, 스무 번의 소간디카 지옥도, 오, 비구여, 한 번의 우팔라카[239] 지옥과 같으며, 스무 번의 우팔라카 지옥도, 오, 비구여, 한 번의 푼다리카 지옥[240]과 같으며, 스무 번의 푼다리카 지옥도, 오, 비구여, 한 번의 파드마 지옥과 같으니, 비구 코칼리야는 사리불과 목건련에게 적개심을 보인 것 때문에 파드마 지옥으로 갔도다.

이렇게 세존께서 말씀하셨고, 이렇게 말씀하시고는 선서, 위대한 스승께서 더 나아가 다음과 같이 말씀하셨다.

태어나는 사람은 그 입에서 도끼가 생겨나는데, 어리석은 사람들이 나쁜 말을 하면서 그것으로 자기 스스로를 찍어낸다네.

비난받아 마땅한 사람을 찬양하거나, 찬양받아 마땅한 사람을 비난하는 사람, 그는 입으로 죄를 모으니, 그것에서 어떠한 기쁨도 찾지 못한다네.

노름으로 재산을 잃는 죄는 하찮으나, 선서에 대한 마음이 타락하면 이것보다 죄가 더 크다네.

---

238   Sogandhika hell. 수건제 지옥(須乾提地獄). 금강산 사이에 있는 십대지옥. 수건제는 흑련(黑蓮)을 가리키는 말.
239   Uppalaka hell. 우발라 지옥(優鉢羅地獄). 금강산 사이에 있는 십대지옥. 우발라(優鉢羅)는 청련(青蓮)을 가리키는 말.
240   Pundarika hell. 분타리 지옥(分陀利地獄). 금강산 사이에 있는 십대지옥. 분타리(芬陀利)는 백련(白蓮)을 가리키는 말.

십만 니라부다 지옥을 벗어나 서른여섯[241]으로 가고, 그리하여 다섯 아부다 지옥으로 가는데, 말과 마음을 나쁘게 써서 성인을 비난했기 때문에 지옥으로 간다네.

거짓되이 말하여 지옥에 가는 사람이나, '나는 그걸 하지 않았어.'라고 말하면서 무언가 저지르는 사람이나, 이들은 둘 다 죽은 후에는 똑같아서 다른 세상에서 비열한 행위의 죄인이 된다네.

악의 없는 사람, 청정한 사람, 죄업에서 자유로운 사람을 해치는 어리석은 사람에게는 악업이 돌아온다네. 바람에 날리는 티끌먼지처럼.

고도의 탐욕에 빠진 그런 사람은 자기 입으로 다른 사람을 힐책하지만, 믿음성 없고, 쩨쩨하고, 애정이 부족하고, 인색하고, 남의 뒷말에 빠진다네.

오, 그대 입버릇 더럽고, 거짓말하고, 비열하고, 팍팍하고, 못되고, 나쁜 짓 하고, 저질이고, 그릇된 야비한 사람이여, 이 세상에서 쓸데없이 지껄이지 말라. 그대 지옥의 죄수가 되리라.

불운의 더러움을 퍼뜨리고, 정의를 매도하고, 죄를 저지르고, 그리하여 수많은 악업을 지었으니, 그대 오랫동안 구렁텅이에 빠져 있으리.

---

241   thirty-six. 알 수 없다.

사람의 행업은 사라지지 않는 까닭에 반드시 돌아올 것이고, 행업의 장본인이 다시 그것을 만날 것이니, 죄를 저지르는 어리석은 사람들이여, 다른 세상에서 그 괴로움을 스스로 느끼리.

옥졸이 쇠막대기로 찌르는 곳, 끝이 뾰족한 쇠기둥[242]으로 나아가는데, 거기에 그럴 듯한 음식이 있으니 벌겋게 달궈진 쇠공과 비슷하다네.

옥졸이 좋게 말하지도, 좋게 다가가지도 않으니, 피할 곳을 찾지 못해 잿불에 드러눕거나 활활 타는 장작불로 들어가네.

그물로 덮어씌우고 쇠망치로 때려죽이면, 대지의 몸통처럼 펼쳐져 있는 칠흑같은 어둠으로 간다네.

그리고 쇠솥에 담겨 활활 타는 장작더미로 들어가는데, 오랫동안 삶겨지는 까닭에 장작더미 속에서 펄쩍펄쩍 뛴다네.

죄를 지은 사람은 예외없이 피와 고름이 뒤섞인 곳에서 삶아지는데, 어느 곳에 있든지 피고름에 닿기만 하면 썩어버린다네.

죄를 지은 사람은 예외없이 구더기가 우글거리는 물속에서 삶아지는데, 항아리와 비슷하여 가장자리로 나아가지도 못한다네.

---

242 iron stake. 쇠기둥. 화형할 때 쓰이는 쇠말뚝이나 쇠기둥. 화형주(火刑柱).

다시 너덜너덜해진 팔다리로 날카로운 검엽수림²⁴³에 들어가면, 여러 옥졸들이 갈고리로 혓바닥을 잡아당겨 죽인다네.

다음에는 면돗날 같이 예리한 물살이 몰아치는, 건너기 어려운 베타리니²⁴⁴강으로 들어가는데, 어리석은 사람이나 악행자들이 거기에 떨어진다네.

검고 얼룩덜룩한 큰까마귀 떼가 울고 있는 그들을 쪼아먹고, 개, 재칼, 거대한 독수리, 매, 까마귀들이 찢어발긴다네.

자기가 지은 죄를 겪어야만 하는 이곳의 삶은 정말 비참하다네. 그러므로 세상 사람들은 살아있는 동안 열심히 노력하여야 하고, 게으르지 말아야 한다네.

파드마 지옥에서 옮겨지는 참깨씨 더미를 지혜로운 사람이 세었는데, 몇 나유타²⁴⁵와 다섯 구지²⁴⁶였고, 그러고도 이백 구지가 더 있었다네.

이 세상이 지옥처럼 고통스럽다고 말했던 만큼 오랫동안 그곳에서 살아야 한다네. 그러므로 청정하고, 원만하고, 품격있는 사람들 사이에

---

243 Asipattavana. Asipatta는 '칼날 모양의 잎사귀', vana는 '숲'이니, 한자어 '검엽수림(劍葉樹林)'의 뜻이다. 도산지옥(刀山地獄)이나 검수지옥(劍樹地獄)을 가리키는 듯하다.
244 Vetaranî. 지옥의 경계를 흐르는 강.
245 nahuta. 나유타(那由他). 고대 인도의 수의 단위. 10의 7승. 천만(千萬)이나 억(億).
246 koti. 구지(俱胝). 구기(俱祇). 고대 인도 수의 단위. 엄청나게 큰 수. 10의 60승.

있으면서 항상 말과 마음을 조심해야 한다네.

3-11. 날라카

칸하시리[247]라고도 불리우는 대선인 아지타[248]가 신들이 크게 기뻐하는 것을 보고 그 까닭을 물었는데, 부처님께서 태어나셨다는 대답을 듣고 도솔천[249] 하늘에서 내려왔다.
석가족이 아이를 보여주자 그는 기쁨에 차서 받아 안았고, 아이에 대해 예언을 했다.
부처님께서 아지타 누이의 아들 날라카[250]에게 지혜의 최고의 경지에 대해서 설명한다.

서시(序詩)

---

247   Kanhasiri, 선인(仙人) 아시타(Asita)를 다르게 부르는 이름.
248   Asita. Kanhasiri라고도 한다. 은둔금욕주의자. 히말라야에서 수행하다가 카필라 왕궁을 방문하여 갓 태어난 아기를 보고 다음과 같이 예언했다고 한다. '이 아이가 제대로 자라 왕위를 계승하면 전륜성왕이 될 것이고, 출가하게 되면 큰 깨달음을 얻은 부처가 될 것이다.'
249   Tusita. 도솔천(兜率天). 욕계육천 가운데 네 번째 하늘. 석가모니가 호명보살(護明菩薩)의 몸으로 수행하던 곳. 내원과 외원이 있는데, 외원은 천인들이 머무는 곳이고, 내원은 미륵보살이 하생을 기다리는 곳이다.
250   Nâlaka. 아시타 선인의 생질(甥姪). 일설에 의하면 아시타 선인이 싯다르타를 돕기 위해 자신의 조카인 날라카를 동반출가 시켰다고 한다.

아지타 대선인이 한낮에 휴식처에서 기쁨에 넘쳐 즐거워하는 몇 무리의 천신들을 보았다네.
눈부신 옷을 입은 신들이 옷을 벗어 흔들면서 제석천을 높이 찬양하였다네.

즐거운 마음으로 기뻐하는 신들을 보면서, 그리고 존경심을 나타내면서, 그가 까닭을 물었다네.

어찌하여 신들께서 그렇게 기뻐하십니까. 어찌하여 옷을 벗어서 흔드십니까. 아수라와 싸워 이겼을 때에도 그처럼 기뻐하지 않았습니다. 어떤 놀라운 것을 보셨기에 그렇게 즐거워하십니까.

소리지르고, 노래하고, 연주하고, 팔을 휘저으며 춤을 추시는군요. 당신들께 묻노니, 수미산[251] 꼭대기에 사시는 분들이여. 속히 제 궁금증을 덜어주십시오. 오, 존귀하신 분들이여.

뛰어난 진주, 견줄 데 없는 분, 보살[252]님께서 인간 세상에 선과 축복을 주기 위해 룸비니의 석가족 마을에서 태어나셨다네. 그래서 기뻐하고

---

251 Meru. 수메루(Sumeru), 수미산(須彌山). 고대 인도에서 세계의 중심이 되는 산. 위로 사왕천, 도리천, 도솔천, 야마천, 화락천, 타화자재천의 여섯 하늘, 즉 욕계육천이 있고, 산 아래에 사대주가 있고, 인간들이 남쪽 염부주에서 살고 있다. 하나의 세계를 이루는 중심.

252 Bodhisatta. 보리살타(菩提薩埵). 보살(菩薩). Bodhi는 보리(菩提), 깨달음을 가리키고, 살타(satta)는 중생(衆生)을 가리킨다. '깨달음을 추구하는 사람'의 뜻. 여기에서는 석가모니의 전신인 호명보살을 가리키는 말.

또 몹시 즐거워하는 것이네.

모든 존재 가운데 가장 뛰어나신 분, 탁월한 인간, 인간의 우두머리, 모든 창조물 가운데 가장 뛰어나신 분, 훗날 대선인이라 불리우며 숲에서 법륜을 굴리실 것이니, 용맹한 백수의 왕, 포효하는 사자와도 같다네.

그런 외침을 들으면서 아지타 대선인이 도솔천에서 내려왔다네. 그리고 정반왕253의 왕궁으로 가서 석가족에게 이렇게 말했다네.
왕자님은 어디에 계십니까. 제가 보고자 합니다.

그러자 석가족들이 아지타라 불리우는 사람에게 황금빛으로 빛나는, 솜씨 좋은 사람이 빚어낸 듯한 왕자님, 영광스러운 빛이 뿜어져 나오는 아름다운 용모의 아기를 보여주었다네.

반짝이는 불빛처럼, 하늘을 배회하는 별들의 우두머리처럼, 구름을 벗어나 빛나는 가을의 태양처럼, 눈부시게 빛나는 왕자님을 보고 그는 기쁨에 넘쳐 엄청난 환희를 얻었다네.

신들이 하늘에서 수천 개의 동그란 장식과 수많은 살대가 달린 일산254을 들고, 황금 자루가 달린 야크 꼬리털로 부채질하는데, 그러나 야

253　Suddhodana. 숫도다나. 싯다르타의 부왕(父王), 카필라 정반왕(淨飯王)의 이름.
254　parasol. 일산(日傘). 왕이나 귀족, 또는 종교행사에 쓰이던 호화로운 장식의 양산.

크 꼬리털과 일산을 잡고 있는 신들은 보이지 않았다네.

칸하시리라는 이름의 엉겨붙은 머리카락의 대선인이 금화처럼 생긴 노란 담요와 머리를 가린 흰 일산을 보고 기쁨과 행복에 넘쳐 받아 안았다네.

상호(相好)와 찬가(讚歌)를 아는 그는 석가족의 우두머리를 받아 안고, 기쁜 생각에 소리높이 외쳤다네.
'이분보다 더 뛰어난 사람이 없으니, 인간 가운데에서 가장 뛰어나신 분이시다.'

그리고는 자신의 남은 생을 떠올리며 우울해 하였고, 눈물을 흘렸다네. 이를 보고 석가족들이 대선인에게 물었다네.
왕자의 앞날에 어떤 장애가 있는지 어떤지.

석가족들이 언짢아하는 것을 보고 대선인이 말했다네.
나는 왕자님께 불운한 일이 있으리라 생각하지 않소이다. 왕자님께는 장애가 전혀 없을 것입니다. 이분은 보통사람이 아닙니다. 걱정하지 마십시요.

이 왕자님은 완벽한 깨달음의 정점에 이를 것이고, 법륜을 굴리실 것이며, 뛰어나게 청정한 것을 보시는 분이시니, 이분은 대중의 행복을 찾아내실 것이며, 그의 가르침이 폭넓게 퍼질 것입니다.

3. 훌륭한 것의 장[Maha-vagga]

나는 삶이 얼마 남지 않아서, 이 아기가 중년에 이르면 죽게 될 것이니, 비할 데 없는 분의 법을 듣지 못할 것입니다. 그래서 괴롭고, 불행하고, 또 고통스럽습니다.

그는 석가족들에게 큰 기쁨을 안겨주고 성을 떠나 경건한 삶으로 돌아갔다네. 그러나 누이의 아들을 가엾게 여기어 비할 데 없는 분의 법을 받아들이도록 설득하였다네.

너는 다른 사람이 '부처님', 또는 '완벽한 깨달음에 이른 분이 법의 길을 간다.'라고 말하면, 곧 그리로 가서 상세한 것을 물어보고, 그 세존과 함께 경건한 삶으로 나아가거라.

좋은 마음을 가진 사람, 뛰어나게 청정한 미래를 보는 사람, 그에게 가르침을 받은 날라카, 그는 수없이 쌓아올린 선업과 잘 다스려진 감각을 지니고 부처님[255]을 기다리고 있었다네.

그런 소문을 듣고, 뛰어나신 분 부처님께서 법륜을 굴리실 때에 그곳으로 갔다네. 대선인의 우두머리를 뵙고 귀의한 후에, 뛰어나신 분 성자께 최상의 지혜에 대해 물었으니, 아지타가 안배했던 때가 온 것이라네.

---

255 Gina. 승자, 승리자. 정복자. 본래는 자이나교의 개조인 마하비라(Mahāvīra)와 그에 버금가는 24명의 지도자를 가리키는 말. Jina. 불교에서는 '부처'의 뜻으로 쓰이는데, 석가모니 이외에 동방의 아촉불, 서방의 아미타불, 남쪽의 보생불, 북쪽의 불공성취불, 중앙의 비로자나불을 가리켜 Gina라고 한다.

서시 끝.

아지타 선인의 이러한 말씀들이 사실로 인정되었습니다. 그러므로 당신께 묻습니다. 오, 고타마이시여. 모든 것에 완벽하신 분이시여.

오, 성자이시여. 출가수행자가 된 사람, 비구의 삶을 받아들이기를 원하는 사람이 최상의 경지, 지혜의 경지를 여쭙나니, 저에게 설하여 주옵소서.

내가 그대에게 지혜의 경지를 분명하게 말하겠노라.
라고 세존께서 말씀하셨다.
수행해 나가기도 어렵고, 얻기도 어려운 것.
오라, 그대에게 설하리니, 꿋꿋하게 서라. 굳건하라.

선남자여, 침착함을 기르라.
마을에서 욕을 먹든지 찬사를 받든지 간에 마음이 더럽혀지지 않도록 주의하라.
평온하게 살며, 자존심을 세우지 말라.

숲속의 타오르는 불꽃처럼 다양한 것들이 사라지리니,
여인들이 성자를 유혹해도 그녀들이 유혹하지 못하게 하라.

성교에 대해 역겨워하라.

모든 종류의 성적 즐거움을 떠나라.
살아있는 생명체에 해를 끼치거나 감정에 좌우되지 말라. 약하거나 강하거나 간에.

내가 그들과 같은 것처럼, 그들 또한 나와 같은 것처럼, 다른 사람을 자신으로 보아, 죽이거나 죽이려는 빌미를 일으키지 말라.

욕망과 탐욕을 버리고, 세상 사람들이 달라붙는 곳을 분명하게 보는 사람으로서 행동하라. 이 지옥에서 건너가라.

빈속으로 있으면서 음식을 조금씩 섭취하라.
원하는 것을 적게 가지고 탐내지 말라.
욕망에 사로잡히지 않으면 욕망 없이도 행복하리.

성자들이여, 탁발을 다녀오면 숲 언저리로 가라. 가서 나무뿌리 부근에 앉으라.

명상에 전력을 기울이라. 그리고 지혜로우라.
숲 언저리에서 즐거움을 찾으라.
스스로 나무뿌리에서 즐거이 명상에 들라.

밤이 지나면 마을 변두리로 나아가라.
초대함이 있어도 기뻐하지 말고, 마을에서 멀리 떨어진 곳에 있지도 말라.

성자들이여, 마을에서 이집 저집 성급하게 돌아다니지 말라.
음식을 구하는 동안 말하지 말며, 탁발에 관한 말을 입 밖에 내지 말라.

내가 얻은 것이 좋았다.
나는 좋은 것을 얻지 못했다.
그러한 두 경우를 생각하며 변함없이 나무로 돌아가라.

손에 발우를 들고 다니며, 벙어리가 된 것은 아니지만 벙어리로 생각하라.
작은 보시를 수치스러워하지 말라. 공양주를 경멸하지 말라.

사문이 행하는 수행은 다양하다. 건너편 언덕으로 두 번 가지는 못하지만, 한 번뿐이라는 생각도 말라.

욕망이 없는 사람, 흐름을 끊어내고 모든 종류의 업을 포기한 비구, 그에게는 괴로움이 없도다.

내가 그대에게 지혜의 경지를 분명하게 말하노니,
라고 세존께서 말씀하셨다.
면돗날처럼 그대의 혀로 그대의 입천장을 치라. 식욕을 억제하라.

마음을 집착으로부터 자유롭게 하라.
생각을 많이 하지 말라.

더럽힘 없이 홀로 있으라. 경건한 삶에 몰두하라.

배우라. 지혜라고 불리우는 홀로 나아감을.
홀로의 삶을 위하여, 사문이 수행할 일을 위하여.
진실로 혼자임에서 즐거움을 찾으리니.

그리하면 온천지 어디에서나 빛날 것이고, 지혜로운 사람, 명상하는 사람, 감각적 즐거움을 포기한 사람에 대한 평판을 들으리니, 나의 제자들이여, 겸손과 신념을 위해 더더욱 스스로에 몰두하라.

이러한 것을 깊은 골짜기의 갈라진 틈에 흐르는 물로 생각하라. 작은 물줄기는 시끄럽게 가지만, 드넓은 바다는 조용하게 가느니.

덜 찬 것은 시끄러운 소리를 내지만 가득찬 것은 평온하니, 어리석은 사람은 반쯤 찬 물항아리와 같고, 지혜로운 사람은 물이 가득찬 웅덩이와 같도다.

사문이 좋은 뜻이 담긴 것을 많이 말한다면, 그 뜻을 알기에 법을 가르치는 것이고, 그 뜻을 알기에 많이 말하는 것이도다.

그 뜻을 알기에 스스로 조절하는 사람, 그 뜻을 알기에 많이 말하지 않는 사람, 그러한 성자들을 지혜롭다 여기라. 그러한 성자들은 지혜를 성취하였도다.

3-12. 양자고찰(兩者考察)

이 세상의 모든 괴로움은 집착, 무명[256], 행온[257], 식온[258], 촉[259], 수온[260], 갈애[261], 취착[262], 시도[263], 자양[264], 주저[265], 의지[266], 형상[267], 거짓[268], 즐거움[269]으로부터 일어난다.

그렇게 나는 들었다.
어느 때에 세존께서 사위성 동원[270]에 있는 녹자모[271]의 저택에 머물고

---

256 aviggâ. 무지(無知). 무명(無明).
257 samkhârâ. 행(行). 행온(行蘊). 육근의 인식 작용 가운데 수상식(受想識) 이외의 작용.
258 viññâna.. 식(識). 식온(識蘊). 수(受)와 상(想)의 작용으로 일어난 인식이나 생각.
259 phassa. 촉(觸). 안이비설신의(眼耳鼻舌身意)가 그 대상인 육경(六境)을 인식하는 것.
260 vedanâ. 수(受). 수온(受蘊). 육근이 육경(六境)을 받아들여 일어나는 마음의 작용.
261 tanhâ. kama-tanha. 결코 충족되는 않는 욕망. 갈애(渴愛). 갈망(渴望).
262 upâdâna. 취(取). 취착(取着). 수(受)로 말미암아 애(愛)라는 상(想)이 일어나고, 애(愛)로 말미암아 네 가지 취(取)가 일어나는데, 애욕(愛慾), 악견(惡見), 계금취견(戒禁取見), 아견(我見)이 그것이다.
263 ârambha. 수(受)로 말미암아 애(愛)가 일어나고, 애(愛)로 말미암아 취(取)가 일어나는데, 그 수(受), 애(愛), 취(取)를 실제 상태로 옮기려는 마음의 작용.
264 âhâra. 식(食). 먹는 것. 또는 식(食)을 통하여 신체를 기르거나, 활동을 유지하거나, 목숨을 유지하는 것.
265 iñgita. Injita. 동요(動搖) 또는 흔들림. 망설임.
266 nissaya. 의지하는 것. 의지처(依持處). 보호(保護).
267 rupa. 모습. 생김새. 형상. 불교에서의 색(色).
268 mosadhamma. 거짓된 것. 실재하지 않는 것.
269 sukha. 행복. 즐거움. 편안한 것.
270 Pubbârâma. 동원(東園). 사위성 동쪽에 있던 미가라 장자의 숲. 미가라 장자와 그 며느리 비사카가 이곳에 동원정사(東園精舍)라는 중각강당(重閣講堂)을 지어 봉납하였다.

계셨다. 그때 세존께서 보름달이 뜨는 십오일의 포살[272]하는 날을 맞으시어, 비구의 무리에 둘러싸여 저녁에 한데에 앉아 계셨다.
세존께서 조용히 앉아있는 비구의 무리를 둘러보시고는 그들에게 말씀하셨다.
어느 것이든지 법에는, 오, 비구들이여.
좋은 것, 고귀한 것, 벗어나게 하는 것, 완벽한 깨달음으로 나아가게 하는 것이 있는데, 이러한 좋고, 고귀하고, 벗어나게 하는 법을 귀 기울여 듣는 것이나 완벽한 깨달음으로 나아가게 하는 것이 그대들에게 무슨 소용인가.

만일, 오, 비구들이여.
그렇게 묻는 사람이 있다면, 그들은 이러한 답을 듣게 될 것이다.
그렇습니다. 두 법의 올바른 깨달음을 위해서입니다.

둘이란 어떤 것을 뜻하는가.
하나는 괴로움이고, 다른 하나는 괴로움의 근원이다.
이것이 하나의 고찰이다.

---

271 Migaramata. 녹자모(鹿子母). 미가라 장자의 며느리 비사카를 가리키는 말. Migara는 새끼사슴, 즉 녹자(鹿子)의 뜻이고, mata는 모(母), 즉 어미의 뜻이다. 비사카가 시아버지 미가라를 믿음의 길로 인도하였고, 미가라가 '그녀는 며느리 아닌 어머니'라고 말한 데에서 비롯되었다. 그러므로 동원(東園)의 중각강당을 녹자모강당(鹿子母講堂)이라고 한다.

272 Uposatha. 포살(布薩). the eightfold abstinence. 범어 Upavasatha. 출가자들이 매월 일정한 날 한곳에 모여 계경(戒經) 바라제목차(婆羅提木叉)를 조목별로 세 번씩 읽으면서 자신의 잘못을 고백하고 참회하는 것.

하나는 괴로움의 소멸이고, 다른 하나는 괴로움의 소멸로 나아가는 방편이다.
이것이 두 번째 고찰이다.

그러므로, 오, 비구들이여.
양자를 충분하게 고찰한 비구들이 완강하고, 단호하고, 열렬하다면 두 가지 열매 가운데 하나의 열매를 기대할 수 있으니, 이 세상에서의 완벽한 지식[273]이거나, 아니면 만일 오분결[274] 가운데 어떤 것이 아직 남아있다면 아나함[275]의 경지이니라.

이렇게 세존께서 말씀하시고, 선서께서 이렇게 말씀하신 후에, 위대한 스승께서 덧붙여 말씀하셨다.

괴로움과 괴로움의 근원, 그리고 괴로움이 어디에서 전적으로, 총체적으로 멈추는지를 깨닫지 못하는 사람들, 그리하여 괴로움의 종식으로

---

273   perfect knowledge. 완전지(完全智), 구경지(究境智). 아라한의 경지를 일컫는 말.

274   the attributes. 오분결(五分結). 오하분결(五下分結)과 오상분결(五上分結)을 아울러 가리키는 말. 하분은 욕계, 상분은 색계 또는 무색계, 결(結)은 번뇌이다. 오하분결은 중생이 욕계에서 벗어나지 못하는 다섯 가지 번뇌, 오상분결은 색계 또는 무색계에서 벗어나지 못하는 다섯 가지 번뇌이다. 오하분결은 유신견(有身見), 계금취견(戒禁取見), 의(疑), 욕탐(欲貪), 진에(瞋恚)이고, 오상분결은 색계의 탐욕, 무색계의 탐욕, 도거(掉擧), 만(慢), 무명(無明)의 다섯 가지이다.

275   Anâgâmin. 아나가미(阿那彌). 간략하게 아나함(阿那含), 성문사과의 세 번째. 아나함을 향해 수행하는 것을 아나함향(阿那含向), 아나함 경지에 이른 것을 아나함과(阿那含果)라 한다. 욕계에서 벗어나 돌아오지 않으므로 불환(不還) 또는 불래(不來)라고 하는데, 오상분결에서 벗어나지 못해, 윤회를 끊어내지 못한 상태이다.

나아가는 방편을 알지 못하는 사람들.

그들은 생각의 해탈[276]과 지혜의 해탈[277]에서 제외되어 윤회를 끝내지 못하리니, 그들은 진실로 탄생과 쇠락을 계속하여 겪을 것이니라.

괴로움과 괴로움의 근원, 그리고 괴로움이 어디에서 전적으로, 총체적으로 멈추는지를 깨달은 사람들, 그리하여 괴로움의 종식으로 나아가는 방편을 아는 사람들.

그들은 생각의 해탈과 지혜의 해탈을 지니어 윤회를 끝낼 수 있으리니, 그들은 탄생과 쇠락을 겪지 않을 것이니라.

양자의 완벽한 고찰을 다른 방법으로 할 수 있습니까.
만일, 오, 비구들이여.
그렇게 묻는 사람이 있다면, 그들에게 있다고 대답하라.
그러면 어떻게 있는가.

괴로움이 일어나는 것은 무엇이든 모두 집착의 결과이다.
이것이 하나의 고찰이다.

---

276 the emancipation of thought. 심해탈(心解脫). 아라한이 성취하는 두 가지 구해탈(俱解脫)의 하나. Cetovimutti.

277 the emancipation of knowledge. 혜해탈(慧解脫). 아라한이 성취하는 두 가지 구해탈(俱解脫)의 하나. Pannavimutti.

그러나 집착의 완전한 소멸에서 시작하여 열정의 전혀 없음을 지나면 괴로움의 근원도 없다.
이것이 두 번째 고찰이다.

그러므로, 오, 비구들이여.
양자를 충분하게 고찰한 비구들이 완강하고, 단호하고, 열렬하다면 두 가지 열매 가운데 하나의 열매를 기대할 수 있으니, 이 세상에서의 완벽한 지식이거나, 아니면 만일 오분결 가운데 어떤 것이 아직 남아있다면 아나함의 경지이니라.

이렇게 세존께서 말씀하시고, 선서께서 이렇게 말씀하신 후에, 위대한 스승께서 덧붙여 말씀하셨다.

무엇이든 이 세상에 있는 여러 가지 종류의 괴로움들, 그들은 집착이라는 원인을 가지고 일어나니, 무지한 존재인 그가 집착을 만들고 그 어리석음으로 다시 괴로움을 겪느니라.
그러므로 현명한 존재는 집착을 만들지 않고, 괴로움의 탄생과 근원이 무엇인지를 고찰하느니라.

양자의 완벽한 고찰을 다른 방법으로 할 수 있습니까.
만일, 오, 비구들이여.
그렇게 묻는 사람이 있다면, 그들에게 있다고 대답하라.

그러면 어떻게 있는가.

괴로움이 일어나는 것은 무엇이든 모두 무명[278]의 결과이다.
이것이 하나의 고찰이다.
그러나 무명의 완전한 소멸에서 시작하여 열정의 전혀 없음을 지나면 괴로움의 근원도 없다.
이것이 두 번째 고찰이다.

그러므로, 오, 비구들이여.
양자를 충분하게 고찰한 비구들이 완강하고, 단호하고, 열렬하다면 두 가지 열매 가운데 하나의 열매를 기대할 수 있으니, 이 세상에서의 완벽한 지식이거나, 아니면 만일 오분결 가운데 어떤 것이 아직 남아있다면 아나함의 경지이니라.

이렇게 세존께서 말씀하시고, 선서께서 이렇게 말씀하신 후에, 위대한 스승께서 덧붙여 말씀하셨다.

무엇이든지 괴로움이 일어난다는 것은 모두가 행업(行業)의 결과이니, 행업의 소멸에 의해 괴로움의 근원이 없어지리.

행업에서 솟아나는 이 괴로움을 비참한 것으로 여기면, 모든 행업의

---

278 Avigga. Avijja와 같다. 범어로는 Avidyā. 무지(無知) 또는 무명(無明)을 가리키는 불교의 용어. ignorance.

종식에서, 그리고 자의식의 소멸에서 괴로움의 소멸이 일어날 것이니,
이를 정확하게 이해하라.

진실한 견해를 가지고 성취하는 지혜로운 사람들, 완전하게 깨달아
악신과의 모든 관계를 타파하면 다시 태어남으로 가지 않으리.

양자의 완벽한 고찰을 다른 방법으로 할 수 있습니까.
만일, 오, 비구들이여.
그렇게 묻는 사람이 있다면, 그들에게 있다고 대답하라.
그러면 어떻게 있는가.

괴로움이 일어나는 것은 무엇이든 모두 식(識)[279]의 결과이다.
이것이 하나의 고찰이다.
그러나 식(識)의 완전한 소멸에서 시작하여 열정의 전혀 없음을 지나
면 괴로움의 근원도 없다.
이것이 두 번째 고찰이다.

그러므로, 오, 비구들이여.
양자를 충분하게 고찰한 비구들이 완강하고, 단호하고, 열렬하다면 두

---

279 viññâna. 안이비설신의에서 일어나는 식(識)의 작용. 또는 육식(六識). 사물이나 사상(事相)을 분별하여 받아들이는 지각의 작용. 색수상행식에서의 식(識). 오온과 십이연기의 한 가지로 윤회에 빠지는 원인.

가지 열매 가운데 하나의 열매를 기대할 수 있으니, 이 세상에서의 완벽한 지식이거나, 아니면 만일 오분결 가운데 어떤 것이 아직 남아있다면 아나함의 경지이니라.

이렇게 세존께서 말씀하시고, 선서께서 이렇게 말씀하신 후에, 위대한 스승께서 덧붙여 말씀하셨다.

무엇이든지 괴로움이 일어나는 것은 모두 식의 결과이니, 식업(識業)의 소멸에 따라 괴로움의 근원이 없어지리.

식업에서 솟아나는 이 괴로움을 비참한 것으로 여기면, 식업의 종식에서, 욕망에서 자유로워진 비구들은 완벽하게 행복하리라.

양자의 완벽한 고찰을 다른 방법으로 할 수 있습니까.
만일, 오, 비구들이여.
그렇게 묻는 사람이 있다면, 그들에게 있다고 대답하라.
그러면 어떻게 있는가.

괴로움이 일어나는 것은 무엇이든 모두 촉(觸)[280]의 결과이다.
이것이 하나의 고찰이다.

---

280 phassa. 촉(觸), 접촉(接觸). 범어 sparśa. 안이비설신의가 외부의 색성향미촉법을 만나는 과정, 또는 만날 때 일어나는 마음의 작용.

그러나 촉의 완전한 소멸에서 시작하여 열정의 전혀 없음을 지나면 괴로움의 근원도 없다.
이것이 두 번째 고찰이다.

그러므로, 오, 비구들이여.
양자를 충분하게 고찰한 비구들이 완강하고, 단호하고, 열렬하다면 두 가지 열매 가운데 하나의 열매를 기대할 수 있으니, 이 세상에서의 완벽한 지식이거나, 아니면 만일 오분결 가운데 어떤 것이 아직 남아있다면 아나함의 경지이니라.

이렇게 세존께서 말씀하시고, 선서께서 이렇게 말씀하신 후에, 위대한 스승께서 덧붙여 말씀하셨다.

촉에 의해 파멸되는 사람들에게, 존재의 강물을 쫓아가는 사람들에게, 나쁜 길로 들어서는 사람들에게, 속박의 소멸은 멀기만 하도다.

그러나 촉을 충분히 깨닫고, 이미 알고 있는 종식(終熄)에서 기쁨을 찾는 사람들, 그들은 진정 욕망에서 자유로워져 완벽하게 행복하리.

양자의 완벽한 고찰을 다른 방법으로 할 수 있습니까.
만일, 오, 비구들이여.
그렇게 묻는 사람이 있다면, 그들에게 있다고 대답하라.

그러면 어떻게 있는가.

괴로움이 일어나는 것은 무엇이든 모두 수(受)[281]의 결과이다.
이것이 하나의 고찰이다.
그러나 수의 완전한 소멸에서 시작하여 열정의 전혀 없음을 지나면 괴로움의 근원도 없다.
이것이 두 번째 고찰이다.

그러므로, 오, 비구들이여.
양자를 충분하게 고찰한 비구들이 완강하고, 단호하고, 열렬하다면 두 가지 열매 가운데 하나의 열매를 기대할 수 있으니, 이 세상에서의 완벽한 지식이거나, 아니면 만일 오분결 가운데 어떤 것이 아직 남아있다면 아나함의 경지이니라.

이렇게 세존께서 말씀하시고, 선서께서 이렇게 말씀하신 후에, 위대한 스승께서 덧붙여 말씀하셨다.

즐거움과 괴로움, 즐거움에 대한 욕구와 괴로움에 대한 욕구를 포함하여 무엇이든지 내적으로나 외적으로 받아들여지는 것들,

썩기 쉬운 것, 잘 부서지는 것에 접촉하는 것, 쇠락을 보는 것, 이것을

---

281 vedanâ. 육근(六根)에 받아들여진 육경(六境)이 마음의 작용 촉(觸)으로 말미암아 일어나는 감수(感受), 즉 느낌을 받아들이는 것을 말한다.

괴로움으로 여기고 비구가 역겨워하면, 수(受)가 소멸됨으로써 욕망에서 자유로워지고, 그리하여 완벽하게 행복하리라.

양자의 완벽한 고찰을 다른 방법으로 할 수 있습니까.
만일, 오, 비구들이여.
그렇게 묻는 사람이 있다면, 그들에게 있다고 대답하라.
그러면 어떻게 있는가.

괴로움이 일어나는 것은 무엇이든 모두 애(愛)[282]의 결과이다.
이것이 하나의 고찰이다.
그러나 애의 완전한 소멸에서 시작하여 열정의 전혀 없음을 지나면 괴로움의 근원도 없다.
이것이 두 번째 고찰이다.

그러므로, 오, 비구들이여.
양자를 충분하게 고찰한 비구들이 완강하고, 단호하고, 열렬하다면 두 가지 열매 가운데 하나의 열매를 기대할 수 있으니, 이 세상에서의 완벽한 지식이거나, 아니면 만일 오분결 가운데 어떤 것이 아직 남아있다면 아나함의 경지이니라.

---

282 tanhâ. 애(愛) 또는 갈애(渴愛). 탐욕에 지나치게 집착하는 것을 갈애(渴愛)라고 하는데, 여기서는 십이연기(十二緣起)의 하나인, 수(受)로 인하여 일어나는 작용인 애(愛)를 가리킨다.

이렇게 세존께서 말씀하시고, 선서께서 이렇게 말씀하신 후에, 위대한 스승께서 덧붙여 말씀하셨다.

애와 동행하는 사람은 오랜 기간 육도(六途)에서 존재로 윤회하여 윤회를 극복하지 못하느니.

애라고 하는 괴로움의 근원 이것을 비참한 것으로 여기라. 비구들이여, 애로부터 자유롭게, 붙잡히지 말고, 사려깊게 만행하라.

양자의 완벽한 고찰을 다른 방법으로 할 수 있습니까.
만일, 오, 비구들이여.
그렇게 묻는 사람이 있다면, 그들에게 있다고 대답하라.
그러면 어떻게 있는가.

괴로움이 일어나는 것은 무엇이든 모두 취(取)[283]의 결과이다.
이것이 하나의 고찰이다.
그러나 취의 완전한 소멸에서 시작하여 열정의 전혀 없음을 지나면 괴로움의 근원도 없다.
이것이 두 번째 고찰이다.

---

283 upâdâna. 취(取). 취착(取着). 집착(執著). 십이연기의 하나. 애가 발생하면 놓기 싫어하는 소유의 마음이 일어난다. 이를 욕취(欲取)라 하는데, 이로 인해 해탈하지 못하고 윤회에 빠지게 된다.

그러므로, 오, 비구들이여.
양자를 충분하게 고찰한 비구들이 완강하고, 단호하고, 열렬하다면 두 가지 열매 가운데 하나의 열매를 기대할 수 있으니, 이 세상에서의 완벽한 지식이거나, 아니면 만일 오분결 가운데 어떤 것이 아직 남아있다면 아나함의 경지이니라.

이렇게 세존께서 말씀하시고, 선서께서 이렇게 말씀하신 후에, 위대한 스승께서 덧붙여 말씀하셨다.

존재는 취의 결과물이어서, 존재로 온 사람은 괴로움으로 가고 태어난 사람은 죽어야 하니, 이것이 괴로움의 근원이로다.

그러므로 완벽한 지식을 지닌 지혜로운 사람은 취의 소멸에서 태어남의 소멸을 보아, 다시 태어남으로 가지 않는도다.

양자의 완벽한 고찰을 다른 방법으로 할 수 있습니까.
만일, 오, 비구들이여.
그렇게 묻는 사람이 있다면, 그들에게 있다고 대답하라.
그러면 어떻게 있는가.

괴로움이 일어나는 것은 무엇이든 모두 시도(試圖)[284]의 결과이다.

---

284 ârambha. 수(受)로 말미암아 애(愛)가 일어나고, 애(愛)로 말미암아 취(取)가 일어나는데, 그 수(受), 애(愛), 취(取)를 실제 상태로 옮기려는 마음의 작용.

이것이 하나의 고찰이다.
그러나 시도의 완전한 소멸에서 시작하여 열정의 전혀 없음을 지나면 괴로움의 근원도 없다.
이것이 두 번째 고찰이다.

그러므로, 오, 비구들이여.
양자를 충분하게 고찰한 비구들이 완강하고, 단호하고, 열렬하다면 두 가지 열매 가운데 하나의 열매를 기대할 수 있으니, 이 세상에서의 완벽한 지식이거나, 아니면 만일 오분결 가운데 어떤 것이 아직 남아있다면 아나함의 경지이니라.

이렇게 세존께서 말씀하시고, 선서께서 이렇게 말씀하신 후에, 위대한 스승께서 덧붙여 말씀하셨다.

괴로움이 일어나는 것은 무엇이든지 모두 시도의 결과이니, 시도의 소멸로써 괴로움의 근원이 없어지리.

시도(試圖)로부터 솟아나는 이 괴로움을 비참한 것으로 여기어 모든 시도를 버리라. 시도하지 않음에서 자유롭게 벗어나 존재로서의 욕망을 끊어낸 비구는, 태어남과 윤회를 건너가 마음이 평온할지니 그에게는 다시 태어남이 없으리.

양자의 완벽한 고찰을 다른 방법으로 할 수 있습니까.

만일, 오, 비구들이여.
그렇게 묻는 사람이 있다면, 그들에게 있다고 대답하라.
그러면 어떻게 있는가.

괴로움이 일어나는 것은 무엇이든 모두 자양(滋養)[285]의 결과이다.
이것이 하나의 고찰이다.
그러나 자양의 완전한 소멸에서 시작하여 열정의 전혀 없음을 지나면 괴로움의 근원도 없다.
이것이 두 번째 고찰이다.

그러므로, 오, 비구들이여.
양자를 충분하게 고찰한 비구들이 완강하고, 단호하고, 열렬하다면 두 가지 열매 가운데 하나의 열매를 기대할 수 있으니, 이 세상에서의 완벽한 지식이거나, 아니면 만일 오분결 가운데 어떤 것이 아직 남아있다면 아나함의 경지이니라.

이렇게 세존께서 말씀하시고, 선서께서 이렇게 말씀하신 후에, 위대한 스승께서 덧붙여 말씀하셨다.

괴로움이 일어나는 것은 무엇이든지 모두가 자양의 결과이니, 자양의 소멸로써 괴로움의 근원이 없어지리.

---

285 âhâra. 식(食). 먹는 것. 또는 식(食)을 통하여 신체를 기르거나, 활동을 유지하거나 목숨을 유지하는 것.

3. 훌륭한 것의 장[Maha-vagga]

자양으로부터 솟아나는 이 괴로움을 비참한 것으로 여기어, 모든 자양의 결과를 보면서 모든 자양에 의지하지 않으니,

행복이 욕망의 소멸에서 온다는 것을 알면서도 법을 차별적으로 적용하는 것을 고수하는 사람은 존재하는 것, 성취된 것으로 간주되지 못하리라.

양자의 완벽한 고찰을 다른 방법으로 할 수 있습니까.
만일, 오, 비구들이여.
그렇게 묻는 사람이 있다면, 그들에게 있다고 대답하라.
그러면 어떻게 있는가.

괴로움이 일어나는 것은 무엇이든 모두 주저(躊躇)[286]의 결과이다.
이것이 하나의 고찰이다.
그러나 주저함의 완전한 소멸에서 시작하여 열정의 전혀 없음을 지나면 괴로움의 근원도 없다.
이것이 두 번째 고찰이다.

그러므로, 오, 비구들이여.
양자를 충분하게 고찰한 비구들이 완강하고, 단호하고, 열렬하다면 두 가지 열매 가운데 하나의 열매를 기대할 수 있으니, 이 세상에서의 완

---

286   iñgita. Injita. 동요(動搖). 흔들림. 망설임.

벽한 지식이거나, 아니면 만일 오분결 가운데 어떤 것이 아직 남아있다면 아나함의 경지이니라.

이렇게 세존께서 말씀하시고, 선서께서 이렇게 말씀하신 후에, 위대한 스승께서 덧붙여 말씀하셨다.

괴로움이 일어나는 것은 무엇이든지 모두가 주저함의 결과이니, 주저함의 소멸로써 괴로움의 근원이 없어지리.

주저함에서 솟아나는 이 괴로움을 비참한 것으로 여기어, 주저함을 버리고 자의식을 멈추니, 비구들이여, 욕망으로부터 자유롭게, 붙잡히지 말고, 사려깊게 만행하라.

양자의 완벽한 고찰을 다른 방법으로 할 수 있습니까.
만일, 오, 비구들이여.
그렇게 묻는 사람이 있다면, 그들에게 있다고 대답하라.
그러면 어떻게 있는가.

의지(依支)[287]하기 때문에 흔들리는 것이다.
이것이 하나의 고찰이다.
홀로 서는 사람은 흔들리지 않는다.
이것이 두 번째 고찰이다.

---

287   nissita. 의지하는 것. 의지처(依持處). 보호(保護). icissa. nissaya. vacillation nissaya.

그러므로, 오, 비구들이여.

양자를 충분하게 고찰한 비구들이 완강하고, 단호하고, 열렬하다면 두 가지 열매 가운데 하나의 열매를 기대할 수 있으니, 이 세상에서의 완벽한 지식이거나, 아니면 만일 오분결 가운데 어떤 것이 아직 남아있다면 아나함의 경지이니라.

이렇게 세존께서 말씀하시고, 선서께서 이렇게 말씀하신 후에, 위대한 스승께서 덧붙여 말씀하셨다.

홀로 선 사람은 흔들리지 않으나, 홀로 서지 못한 사람은 이런저런 방편으로 존재에 집착하여 윤회를 극복하지 못하리라.

그대는 의지하고 있는 것에서 큰 위험을 보고 이를 비참한 것으로 여기리니, 비구들이여, 홀로 서서, 집착하지 말고, 사려깊게 만행하라.

양자의 완벽한 고찰을 다른 방법으로 할 수 있습니까.
만일, 오, 비구들이여.
그렇게 묻는 사람이 있다면, 그들에게 있다고 대답하라.
그러면 어떻게 있는가.

형상(形象)[288]이 없는 것은, 오, 비구여.

---

288 rûpa. 모습. 생김새. 형상. 불교에서의 색(色). The form.

형상이 있는 것보다 더욱 평온하다.
이것이 하나의 고찰이다.
종식(終熄)은 형상이 없는 것보다 더욱 평온하다.
이것이 두 번째 고찰이다.

그러므로, 오, 비구들이여.
양자를 충분하게 고찰한 비구들이 완강하고, 단호하고, 열렬하다면 두 가지 열매 가운데 하나의 열매를 기대할 수 있으니, 이 세상에서의 완벽한 지식이거나, 아니면 만일 오분결 가운데 어떤 것이 아직 남아있다면 아나함의 경지이니라.

이렇게 세존께서 말씀하시고, 선서께서 이렇게 말씀하신 후에, 위대한 스승께서 덧붙여 말씀하셨다.

형상을 지니는 존재들, 형상이 없는 곳에 머물면서 종식을 알지 못하는 존재들, 그들은 다시 태어남으로 가야만 하리.

그러나 형상을 충분하게 터득하고 형상이 없는 곳에 꿋꿋하게 선 사람들, 종식에서 벗어나 자유로워진 사람들, 그러한 존재들은 영원히 죽음을 떠나리.

양자의 완벽한 고찰을 다른 방법으로 할 수 있습니까.
만일, 오, 비구들이여.

그렇게 묻는 사람이 있다면, 그들에게 있다고 대답하라.
그러면 어떻게 있는가.

사문과, 바라문과, 신과, 인간들 가운데에서, 신, 악신, 범천을 포함한 인간의 세상에서 진실로 간주되는 것, 그것은 고귀한 사람들에 의해, 그들의 완벽한 지식[289]을 통해, 정말로 거짓임이 잘 헤아려진다.
이것이 하나의 고찰이다.
사문과, 바라문과, 신과, 인간들 가운데에서, 오, 비구들이여. 신, 악신, 범천을 포함한 인간의 세상에서 거짓으로 간주되는 것, 그것은 고귀한 사람들에 의해, 그들의 완벽한 지식을 통해, 정말로 진실임이 잘 헤아려진다.
이것이 두 번째 고찰이다.

그러므로, 오, 비구들이여.
양자를 충분하게 고찰한 비구들이 완강하고, 단호하고, 열렬하다면 두 가지 열매 가운데 하나의 열매를 기대할 수 있으니, 이 세상에서의 완벽한 지식이거나, 아니면 만일 오분결 가운데 어떤 것이 아직 남아있다면 아나함의 경지이니라.

이렇게 세존께서 말씀하시고, 선서께서 이렇게 말씀하신 후에, 위대한 스승께서 덧붙여 말씀하셨다.

289　perfect knowledge. 아라한(阿羅漢)에 대한 영문 표기이기도 하다.

실재하지 않는 것에서 실재하는 것을 찾으며, 명과 색에 머무는 인간과 신들의 세상을 그는 '이것이 진실이다.'라고 생각하는데,

생각하는 방편에 따라 다르게 되는 까닭에, 그것이 그에게는 거짓이 되고, 거짓인 것은 잘 변하니,

거짓이 아닌 것, 열반을 고귀한 사람이 진실하게 품으면, 그들은 진실로 진리의 깨달음으로 욕망에서 자유로워지고 완벽하게 행복하리.

양자의 완벽한 고찰을 다른 방법으로 할 수 있습니까.
만일, 오, 비구들이여.
그렇게 묻는 사람이 있다면, 그들에게 있다고 대답하라.
그러면 어떻게 있는가.

사문과 바라문과, 신과 인간들 사이에서, 오, 비구들이여. 인간, 신, 악신, 범천의 세상에서 즐거움으로 간주되는 것, 그것은 고귀한 사람들에 의해, 그들의 완벽한 지식을 통해, 정말로 괴로운 것임이 잘 헤아려진다.
이것이 하나의 고찰이다.
사문과 바라문과, 신과 인간들 사이에서, 오, 비구들이여. 인간, 신, 악신, 범천의 세상에서 괴로움으로 간주되는 것, 그것은 고귀한 사람들에 의해, 그들의 완벽한 지식을 통해, 정말로 즐거운 것임이 잘 헤아려

진다.

이것이 두 번째 고찰이다.

그러므로, 오, 비구들이여.
양자를 충분하게 고찰한 비구들이 완강하고, 단호하고, 열렬하다면 두 가지 열매 가운데 하나의 열매를 기대할 수 있으니, 이 세상에서의 완벽한 지식이거나, 아니면 만일 오분결 가운데 어떤 것이 아직 남아있다면 아나함의 경지이니라.

이렇게 세존께서 말씀하시고, 선서께서 이렇게 말씀하신 후에, 위대한 스승께서 덧붙여 말씀하셨다.

형상, 소리, 맛, 냄새, 촉을[290] 모두 바라면서 즐겁고 매혹적인 것들을 지속시키는 한,
라고 그렇게 말씀하셨다.

그대들에 의해, 인간과 신들의 세상에 의해, 이러한 것들이 즐거움으로 여겨지지만, 그러나 언젠가 끝이 나면 괴로움으로 여겨지리라.

고귀한 사람에게는 육신의 종식이 즐거움으로 간주되는데, 이것은 모든 세상의 가르침과 정반대이니,

---

[290] Form, sound, taste, smell, and touch. 색성향미촉(色聲香味觸)의 다섯 가지 현상.

어리석은 사람은 고귀한 사람이 괴로움이라 말하는 것을 즐거움이라 하고, 즐거움이라 말하는 것을 괴로움이라 하는데, 여기에는 깨닫기 어려운 것이 있어, 이승의 무지한 사람들이 당혹하게 된다네.

그들에게는 암흑으로 덮여 싸여 있고, 어둠이 있어 보이지 않는 것이지만, 그러나 훌륭한 사람에게는 명백한 것이고, 불빛이 있어 잘 보이는 것인데, 가까이 있어도 무지한 그들은 방편이나 법에 대해 알아차리지 못한다네.

존재의 열정에 압도되어 존재의 강물을 따라가는 그들, 악신의 영역으로 들어가는 그들에게는 이 법이 완벽하게 이해되지 못한다네.

'고귀한 사람을 제외하고 누가 잘 깨달은 경지를 누릴까. 이 경지를 완벽하게 품으면 열정에서 자유로워진 사람들은 완전하게 소멸하리.'

이렇게 세존께서 말씀하시자, 비구들은 세존의 말씀에 기뻐하고 또 기뻐하였으며, 이 설이 베풀어지는 동안에 육십 명의 비구들의 마음이 집착을 떠나 자유로워졌다.

4. 팔구[291]의 장[Atthaka-vagga]

4-1. 욕망

감각적 즐거움을 피해야 한다.

감각적 즐거움을 원하는 사람이 그 결과가 좋았다면, 유한한 존재가 바라던 바를 얻은 것이니, 틀림없이 기쁜 마음이 될 것이다.

그러나 바라고 원했던 사람이 그 감각적 즐거움을 얻지 못한다면, 그는 화살에 맞은 듯한 고통에 시달릴 것이다.

발밑의 뱀대가리처럼 감각적 즐거움을 피하는 사람, 사려 깊은 그러한 사람은 이 욕망을 이겨낼 것이다.

논밭, 재물, 금, 소, 말, 하인, 여자, 친척들과 같은 그런 즐거움들을 광

---

291 Atthaka-vagga. Atthaka는 'eightfold', 즉 여덟 가지를 말한다. '음력의 제팔일, 보름날 전후의 팔일, 저녁 여덟시와 아침 여덟시 사이'라는 뜻도 있다(PTS사전). 그러므로 본문에서는 팔구(八句)가 된다. vagga는 경전에서 장(章)의 구분이다.

범위하게 구하는 사람이라면,

죄가 그를 압도할 것이고, 위험이 그를 으스러뜨릴 것이고, 괴로움이 부서진 배에 물들어오듯 따라올 것이다.

그러므로 늘 사려깊으라. 즐거움을 피하라. 그것들을 포기하고 강물을 건너가라. 배에서 뛰어내리라. 건너편 언덕으로 가라.

4-2. 동굴팔구(洞窟八句)

누구도 존재와 감각적 즐거움에 연연하지 않게 하라.

동굴에 들러붙어 사는 사람, 많은 것에 뒤덮여 망상에 빠진 사람, 그러한 사람은 은둔과 거리가 머니, 세상에서의 감각적 즐거움을 버리지 못하기 때문이다.

소망이 동기가 되는 사람들, 세상의 즐거움과 연계된 사람들, 그들은 자유롭게 벗어나기가 어려운데, 현재와 과거의 감각적 즐거움을 몹시 탐내는 까닭에 다른 사람에 의해 벗어나기가 어렵다.

게걸스럽게 여념 없이 감각적 즐거움에 얼이 빠진 사람들, 하찮은 사람들, 사악한 것에 빠져들어 괴로움으로 바뀔 때에 울부짖으면서 말한다.
'이승에서 죽어 없어지면, 우리는 무엇이 될까.'

그러므로 선남자여, 지금 당장 배우라. 사악하다고 알려진 것들, 그 사악한 것들을 실천하지 말라. 이 삶은 짧으니까.
라고 지혜로운 사람이 말했다.

나는 존재에 대한 욕망에 사로잡혀 떨고 있는 이런 족속들을 본다. 죽음의 문턱에서 애통해 하는, 다시 태어나는 존재에 대한 욕망에서 벗어나지 못하는 가련한 존재들.

삶의 애착에 떨고 있는 저들을 보라. 말라붙은 강바닥의 물고기 같은 사람들. 이를 보았으면 사심없이 만행하라. 존재에 대해 어떠한 집착도 만들지 말고.

양쪽 생에 대한 소망을 다스려, 탐욕스러움 없이, 촉을 충분히 깨닫고, 스스로 비난받을 짓을 하지 말라. 지혜로운 사람들은 본 것이나 들은 것에 대해 연연해하지 않는다.

명(名)을 깨달아, 성자들이여, 강물을 건너가라. 어떤 집착에도 더럽혀지지 말고. 화살을 뽑아내고, 완강하게 만행하면서. 그는 이 세상이나 저 세상을 바라지 않는다.

4-3. 분노팔구(憤怒八句)

성자는 비난을 당하지 않는다. 모든 사변(思辨)의 체계를 털어내고 홀로 서 있기 때문이다.

나쁜 마음을 가진 사람이 비난하고, 정의로운 마음을 가진 사람들까지 비난한다 해도, 진실로 성자는 그런 비난을 겪지 않는다. 그러므로 성자는 어디에서든 불만족하지 않는다.

소망에 이끌리고 기호(嗜好)에 사로잡힌 사람이 어떻게 자신의 견해를 극복하겠는가. 마땅히 해야 할 일을 하고, 그 깨달음에 따라 말하라.

물어보지도 않았는데 자신의 계와 행을 찬양하는 사람, 훌륭한 사람이 졸렬하다고 말하는데도 그 자신을 찬양하는 사람.

그러나 비구는 평온하고 행복한 마음을 가진 사람, 자신의 덕을 스스로 찬양하지 않는 사람, 훌륭한 사람이 고결하다고 말하지만 세상 어느 곳에도 욕망이 없는 사람.

자기에게 유리한 결과를 찾으려 법을 꾸미고 조작하여 혼란을 일으키는 사람, 그는 '불안정한 겉꺼풀의 평온'[292]에 빠져들 뿐이다.

---

292 kuppa-patikka-santi. 알 수 없다. 'kuppa'는 'shaking, unsteady, movable'이고, 'santi'는 'tranquillity, peace'이다. patikka는 알 수 없다. 다만 'Paṭikā'는 '(white)woollen cloth', 곧 '모직으로 된 직물'의 뜻인데, 'paṭiya'와 동의어라 하였다('See also paṭiya'). paṭiya는 'a white woollen counterpane'의 뜻을 가지는데, 이는 '흰 모직물로 된 덮개이불'의 뜻이다(이상 PTS사전).

사변의 독단적 논리는 극복하기가 쉽지 않다. 법의 범위 안에서 심사숙고하고 받아들여야 하는데, 오히려 독단적 논리의 범위 안에서 법을 거부하거나 받아들인다.

죄업을 털어낸 사람인 그는 다른 존재에 대한 편견이 없는 까닭에, 가는 곳이 어디든 속임수와 오만을 떠나 홀로 선다.

홀로 서지 못한 사람은 법 가운데에서 비난을 당하겠지만, 홀로 선 사람은 누가 어떻게 무엇으로 깎아내리겠는가. 집착하거나 거부할 것 없이 세상의 모든 견해를 털어내는데.

4-4. 청정팔구(淸淨八句)

어느 누구도 사변(思辨)으로는 청정해지지 않는데, 사람들은 이 선생 저 선생 옮겨다니며 사변에 노력을 기울인다. 그러나 지혜로운 사람은 열정에 이끌리지 않으며, 세상의 어느 것도 최상으로 받아들이지 않는다.

나는 견해에 따라 청정함이 이루어진다는 생각을 가진, 청정하고 몹시 뛰어나고 완전한 사람을 찾는다. 그리하여 최상의 견해를 찾아서 청정한 것을 찾으려 사유하면서 앎을 되짚어본다.

청정함이 견해에 따라 일어나거나, 괴로움이 앎에 따라 떠나게 된다면, 그러면 집착을 포함하여 그렇다고 했던 그 견해나 다른 방법으로도 청정해질 수 있을 것이다.

그러나 보고 들었던 것에 연연하지 않고, 계와 행, 사유했던 것, 선한 것이나 악한 것에 연연하지 않는 바라문, 어떤 것도 행함 없이 집착했던 것을 떠난 바라문은 청정함이 다른 방편으로도 결실을 맺을 수 있다는 것을 인정하지 않는다.

옛 선생을 버리고 바램을 따라 다른 선생에게 갔어도, 그들을 속박한 것이 산산이 부서지지 않는다면, 원숭이가 나뭇가지 놓아버리듯 잡고 있던 선생을 놓아버린다.

선업을 지으려 감각에 이끌려 여기저기 쫓아다니지만, 그러나 위대한 깨달음을 지닌 사람, 지혜로써 법을 깨달은 현명한 사람은 여기저기 쫓아다니지 않는다.

보았던 것, 들었던 것, 생각했던 것들이 모두 바른 법과 동떨어져 있는데, 이 세상에서 어느 누가 어떻게 깨달은 사람, 거리낌 없이 만행하는 사람인 그를 바뀌게 할 수 있겠는가.

그는 꾸며내지도 않고, 더 낫다고 말하지도 않고, '나는 한없이 청정하다.'라고 말하지도 않는다. 집착에 묶여진 매듭을 끊어냈으므로 세상의 어느 곳도 갈망하지 않는다.

그는 승리자인 바라문이니 받아들일 것이 아무것도 없으며, 어떤 종류의 열정에도 영향을 받지 않으니 이 세상에서 그가 집착할 만한 최상의 것은 아무것도 없다.

4-5. 최상팔구(最上八句)

스스로 사변적 논쟁에 빠져들지 않아야 한다. 어떠한 사변적 체계도 받아들이지 않은 불퇴전의 바라문은 열반에 도달하였다.

어떤 사람이 견해에 사로잡혀, '이것이 가장 뛰어나다.'라고 말하면서 최고의 것으로 여기고, 다른 모든 것을 비루하다고 말한다면, 그는 결국 논쟁을 극복하지 못할 것이다.

왜냐하면 보았던 것, 들었던 것, 계와 행, 생각했던 것들에서 스스로에게 좋은 결과를 찾아 그것을 끌어안고, 나머지 모든 것을 나쁘다고 여기기 때문이다.

대가들은 속박이 나와 다른 것을 나쁘다고 여기는 것에서 일어난다고 콕 집어 말한다. 그러하니 비구들이여, 보았던 것, 들었던 것, 생각했던 것, 계와 행에 의존하지 말라.

이 세상에서의 어떤 견해도 만들지 말라. 앎에 의해서든, 계와 행에 의해서든 간에. 스스로 동등하다고 주장하지도 말고, 더 낫다거나 못하다고 생각하지도 말라.

집착했던 것을 떠나라. 앎에 의존하는 어떤 것도 잡지 말라. 다른 견해를 취하는 사람들과 어울리지도 말고, 다른 견해로 되돌아가지도 말라.

이 세상이나 저 세상에서, 재탄생 되는 존재의 어느 쪽 삶의 결말에 대해서도 그에게는 미련이 없기 때문이고, 여러 가르침을 면밀하게 살펴보아도 받아들일 만한 안식처가 없기 때문이다.

보았던 것, 들었던 것, 생각했던 것에 대해 최소한의 편견도 없는데, 이 세상에서 누가 어떻게 다른 견해를 받아들이지 않는 바라문을 변화시키겠는가.

꾸며내지도 않고, 더 낫다고 하지도 않고, 법을 선택하지도 않으며, 바라문은 계와 행에 의존하지도 않는다. 그래서 건너편 언덕으로 건너간 바라문은 다시 돌아오지 않는다.

4-6. 늙음

이기심에서 슬픔과 탐욕이 온다. 비구들은 세상을 멀리하고 출가하여 만행하면서 홀로 선다. 그리고 다른 것을 통해 청정하게 되기를 원하지 않는다.

이 생은 참으로 짧다. 백 년 안에 죽는다. 누군가 더 오래 산다 해도 그래도 늙어서 죽는다.

사람들은 이기심으로 슬퍼하고, 끊이지 않는 걱정으로 스스로를 죽이니, 이 세상은 실망으로 가득차 있다. 이를 안다면 재가자의 삶을 살지 말라.

'이것은 나의 것이다.'라고 생각하던 그것조차도 죽음으로 남겨진다. 이를 안다면, 지혜로운 사람이여, 스스로를 세속적인 것의 추종자로 돌려세우지 말라.

잠이 깨면 잠결에 만났던 사람을 보지 못하듯, 그렇게 또한 죽어서 저 세상으로 간 사랑했던 사람을 보지 못한다.

그 사람의 이름이 언급되는 것을 보고 듣기는 하지만, 그러나 이름만이 사라지지 않고 남아있을 따름이다.

이기심에 사로잡힌 탐욕스러운 사람은 슬픔, 애통, 탐욕에서 떠나지 못한다. 그러므로 성자들은 탐욕스러움을 떠나 안온함을 찾아 만행한다.

비구는 집착없이 만행하며 은둔자의 마음을 일구면서, 존재로서의 자신을 내보이지 않는 것이 적절하다고 말한다.

홀로 선 성자는 어떤 상황에서나 즐거워하지도 않고 불쾌해 하지도 않으니, 물에 뜬 잎사귀처럼 슬픔과 탐욕이 달라붙지 못한다.

물방울이 연꽃에 달라붙지 못하듯, 물이 연꽃에 달라붙지 못하듯, 그렇게 성자는 보았거나, 들었거나, 생각했던 것들에 연연하지 않는다.

죄업을 털어낸 사람은 보았거나, 들었거나, 생각했었기 때문에 더 이상 생각하지 않으며, 다른 어떤 것을 통해 청정하게 되기를 원하지 않는다. 즐거워하지도 않고 불쾌해 하지도 않는 까닭에.

4-7. 티사 메테야

성교(性交)는 하지 말아야 한다.

말씀해 주십시요. 오, 존귀하신 분이시여.

라고 존자 티사 메테야[293]가 말했다.
성교에 빠져드는 사람의 실패에 대해.
그 가르침을 듣고 저희도 은둔을 배우겠습니다.

성교에 빠져드는 사람은, 오, 메테야여.
라고 세존께서 말씀하셨다.
가르침을 잃고 그 자신을 잘못 이용하는 것이니, 이는 사람 안에 있는 비열한 것이다.

홀로 만행하다가 스스로 성교에 굴복한 사람, 세상에서는 그를 넘어진 마차와 같은 저질의 상스러운 놈이라 부른다.

전에 지녔던 명예와 명성, 그것을 잃게 되느니, 이를 알아 성교를 포기하는 것을 배우라.

생각에 압도된 사람은 명상도 쩨쩨하게 하니, 그러한 사람은 남에게 좋지 않은 소리를 들으면 불만을 갖는다.

그래서 다른 가르침을 강요하는 수단을 만들고, 몹시 탐욕스럽게 거짓말에 빠져든다.

지혜롭다고 인정받던 그가 고독한 삶에 들어갔다가 스스로 성교에 굴

---

293 Metteyya. 미륵(彌勒). 마이트레야(Maitreya). 미륵보살(彌勒菩薩)의 뜻이다.

복하였다면, 그는 괴로움에 시달리는 어리석은 사람이다.

이를 비참한 것으로 여기어, 성자들이여, 처음부터 끝까지 세상에서의 고독한 삶을 견고하게 유지하라. 스스로 성교에 굴복하지 말라.

운둔을 배우라. 이들이야말로 최상의 고귀한 사람들이다. 그러나 스스로를 최고라고 생각하지 말라. 정말로 열반이 가까워졌다 해도.

감각적 즐거움을 탐내지 않고 욕망을 피하면서 만행하는 강물을 건너간 성자, 감각적 즐거움에 속박된 생명체들이 그를 부러워한다.

4-8. 파수라

논쟁하는 사람들은 바보들처럼 서로에게 낙인을 찍으면서 찬사를 바라지만, 퇴짜를 맞으면 불만을 품게 된다. 모든 죄업을 떨쳐내신 분 부처님을 따르는 것 이외에는 누구도 논쟁에 의해 청정해지지 않는다.

'청정함'이 여기서는 인정이 되어도 다른 곳에서는 용납되지 않지만, 그들은 스스로 받아들인 가르침에 스스로를 쏟아부으면서 혼자만의 진리에 광범위하게 꽂혀든다.

논쟁을 원하는 사람들이 승단에 뛰어들어 바보들처럼 서로 낙인을 찍는데, 칭찬이나 대가라고 불리워지기를 바라면서 다른 사람에게 싸움을 걸어간다.

승단의 논쟁에 끼어들어 칭찬을 바라고 여기저기 좌충우돌 하지만 논쟁에서 퇴짜를 맞으면 불만을 품게 되는데, 비난을 받으면 남의 잘못을 찾던 그가 도리어 화를 낸다.

그의 논점을 평가한 사람들이 논쟁에서 졌다고, 논박되었다고 말하면, 논쟁에서 진 것을 애통해하고 슬퍼하는데, '그들이 나를 이겼다.'라고 말하면서 울부짖는다.

사문들 사이에서 이런 논쟁들이 일어나 그 안에서 치고받는데, 이를 보았으면 논쟁을 멈추라. 칭찬받으려 애쓰는 것에 다른 이점이 없으니까.

승단에서의 논쟁을 모조리 이기어 칭찬받기도 하는데, 그리되면 소리 내어 웃으면서 우쭐거린다. 의도했던 대로 논쟁에서 이겼으니까.

그 굉장한 기쁨은 패배의 장이 되기도 할 것인데, 그래도 자랑스럽게, 거만스럽게 떠들어 댄다. 이를 보았으면 논쟁하지 말라. 대가들은 논쟁으로 청정해진다고 말하지 않으니까.

아주 좋은 음식으로 힘을 키운 영웅들이 적수를 찾으려고 포효하며 돌아다니듯, 그대도 그리로 가라. 오, 영웅스러운 사람이여. 지금 여기에는 맞서 싸울 만한 것이 없느니.

'이것만이 진리이다.'라고 주장하면서 논쟁하는 사람들, 논쟁이 일어났을 때에 그들에게 말하라. '여기에는 당신의 상대가 없다.'

견해에 반대하는 견해 없이, 스스로 운둔하여 만행하는 사람들이 그들에게서 어떤 견해를 만나겠는가. 오, 파수라여. 그들에게는 최상이라 집착할 만한 것이 아무 것도 없도다.

그러하니 마음속으로 그 견해들을 깊이 곰곰이 생각해 보라. 죄업을 떨쳐낸 사람과 멍에를 함께 진다 해도, 그래도 함께 나아가지는 못하리라.

4-9. 마간디야[294]

---

294 고대인도 코삼비국의 우데나 왕의 둘째 왕비. 미녀로서도 명성이 높았고, 악행으로도 명성이 높았다. 아버지는 마간다. 마간다는 아름다운 미녀인 그녀를 부처님과 짝지어주기 위해 찾아갔으나, 오히려 설법을 듣고 아내와 함께 출가하여 불문에 귀의하였다. 마간디야는 훗날 우데나왕의 왕비가 되었으나 부처님 일행을 우연히 만난 뒤 옛날의 원한을 복수하기 위하여 승단을 끊임없이 괴롭히다가 첫째 왕비 사마왓디를 죽이게 되었고, 그 악행이 드러나 그 자신도 일족과 함께 처참하게 참살되었다. 본문의 마간디야는 그 아버지인 마간다를 말하는 것으로 보인다.

마간디야와 부처님의 대화.
마간디야가 부처님께 그의 딸을 아내로 삼으라고 제의했지만, 부처님께서 거절하셨다. 마간디야는 청정은 사변(思辨)에서 온다고 했고, 부처님은 '내 안의 평화'에서 온다고 했다.
성자는 평화로움의 증거자이다. 그는 논쟁하지 않으며, 상징으로부터 자유롭다.

부처님
갈애[295], 혐오[296], 탐욕[297]을 보았을 때도 성교에 대한 최소한의 생각도 없었다네[298]. 이것이 무엇인가. 물과 배설물로 가득찬 것이 아닌가. 나는 발로 건드리는 것조차 원치 않는다네.

마간디야
많은 왕들이 원하는 그런 진주 같은 여인을 마다하신다면, 당신은 어떤 견해, 어떤 덕목, 어떤 행, 어떤 삶, 어떤 재탄생을 말씀하시나요.

이렇게 말하겠네. 자세히 살펴보니 그 가르침에는 내가 끌어안을 것이 없었노라고. 오, 마간디야여.

---

295 Tanhâ. 본래의 뜻은 갈애(渴愛). 마왕 파순의 큰딸을 가리키기도 한다.
296 Arati. 본래의 뜻은 집착하지 않는 것, 또는 혐오. 파순의 둘째딸을 가리키기도 한다.
297 Ragâ. '애정이 없는 성욕을 동반하는 욕정'. 파순의 셋째딸을 가리키기도 한다.
298 석가모니가 보리수나무 아래에서 성도(成道)를 이룰 때에, 마왕 파순이 이를 방해하기 위하여 그의 세 딸을 석가모니에게 보내어 유혹하려고 하였던 것을 가리키는 말.

라고 세존께서 말씀하셨다.
그리고 받아들임 없이 그 견해들을 살펴보고 '내 안의 평화'를 찾았노라고.

성립되어진 모든 해답들,
라고 마간디야가 말했다.
그것들을 정말 받아들임 없이 설하시나요. '내 안의 평화'라는 생각, 현자들은 이것을 어떻게 설명하나요.

생각에 의해서도 아니고, 전통에 의해서도 아니고, 앎에 의해서도 아니라네. 오, 마간디야여.
라고 세존께서 말씀하셨다.
계와 행에 의해 청정함이 존재한다고 어느 누구도 말할 수 없다네. 생각이 없어도 그러하고, 전통이 없어도 그러하고, 앎이 없어도 그러하고, 계와 행이 없어도 그러하다네. 이러한 것을 받아들임 없이 버리면, 존재를 소망하지 않고 평온하게 홀로 설 수 있다네.

생각에 의하거나, 전통에 의하거나, 앎에 의하거나, 계와 행에 의한다고 말할 수 없다면,
라고 마간디야가 말했다.
생각이 없이도, 전통이 없이도, 앎이 없이도, 계와 행이 없이도 그러하다고 말할 수 없다면, 그런 가르침은 어리석다고 생각합니다. 생각에 따라 청정함이 되살아나기도 하기 때문입니다.

그렇다면 생각에 관해 묻겠네. 오, 마간디야여.
라고 세존께서 말씀하셨다.
그대는 그대가 끌어안은 것에 빠져들어, '내 안의 평화'에 대해 아주 조금도 생각하지 않았다네. 그래서 어리석다고 생각한다네.

사람은 같다거나, 낫다거나, 못하다고 생각하는 바로 그 이유 때문에 논쟁한다네. 그러나 그는 그 세 가지의 상태에 흔들리지 않는다네. '같다'거나 '낫다'는 것이 그에게 존재하지 않기 때문이네.

'같다'와 '낫다'가 없는 바라문이 '이것이 진리입니까.'라고 묻겠는가. 아니면 '이것이 거짓입니까.'라고 물으면서 논쟁하겠는가. 누구와 더불어 그가 논쟁에 들어가겠는가.

집을 떠나 집 없이 만행하면서, 마을에서 아는 사람을 만들지 말라. 음욕으로부터 자유로우라. 소망하지 말라. 성자들이여, 사람들과 다투는 대화를 하지 말라.

뛰어난 사람들이여, 세상을 만행하면서 떼어냈던 것을 다시 끌어안고 논쟁하지 말라. 연꽃이 물이나 진흙에 더러워지지 않는 것처럼, 성자들이여, 평화로움의 증거자여, 그렇게 탐욕에서 자유로우라. 감각적 즐거움이나 세간에 연연해하지 말라.

성취한 사람은 견해나 생각하는 것에 따라 오만하게 되지 않는다네.

그런 부류가 아니라네. 행에 따라서도 아니고, 전통에 따라 이끌리는 것도 아니고, 안식처에 따라 이끌리는 것도 아니라네.

평점에서 자유로운 사람에게는 속박이 없고, 깨달음으로 벗어난 사람에게는 어리석음이 없는데, 평점이나 견해에 집착하는 사람들은 사람을 성가시게 하면서 세상을 활보한다네.

4-10. 죽기 전에

평온한 성자에 대한 의미.

어떤 견해나 어떤 계율을 가지고 사람을 평온하다고 말하나요. 그것을 말씀해 주십시오. 오, 고타마이시여. 가장 뛰어난 사람에 대해 묻나이다.

소멸 이전에 욕망에서 벗어난 사람,
라고 세존께서 말씀하셨다.
시작과 끝에 의존하지 않고, 중간도 고려하지 않는 사람, 그에게는 좋아할 것이 아무것도 없다네.

분노로부터 자유롭고, 두려워 떠는 것으로부터 자유롭고, 뽐내는 것으로부터 자유롭고, 잘못된 행실로부터 자유로운 사람, 그는 지혜롭게 말하는 사람, 우쭐대지 않는 사람, 그는 정말로 말을 자제하는 성자라네.

그는 미래에 대한 욕망이 없고, 과거에 대해 슬퍼하지 않고, 촉(觸)에서 은둔을 찾고, 견해에 이끌리지도 않는다네.

얽매이지 않고, 거짓되지 않고, 탐내지 않고, 부러워하지 않고, 무례하지 않고, 업신여기지 않고, 중상모략에 빠지지 않는다네.

즐거움에 대한 욕망이 없고, 자만에 빠지지 않고, 온화하고, 총명하고, 남의 말에 현혹되지 않고, 불쾌해하지도 않는다네.

이득에 대한 애착에서 배우지 않고, 손해 보는 것으로 화내지 않고, 달콤한 것에 대해 탐욕이 없고, 욕망으로 괴로워하지도 않는다네.

차분하고, 늘 상념에 젖어있고, 욕망이 없는 까닭에 다른 사람과 같다거나, 낫다거나, 못하다고 생각하지 않는다네.

의존할 것이 없는 사람, 법을 깨달아 홀로 선 사람, 그에게는 존재에 들거나 존재를 떠나는 것에 대해 아무런 욕망이 없다네.

감각적 즐거움을 찾지 않는 그를 나는 평온하다고 말하는데, 욕망을 이겨내어 속박이 없기 때문이라네.

그에게는 자식도, 가축도, 논밭도, 재산도 없어, 집착하거나 마다할 것이 없다네.

세상 사람들과 사문과 바라문들은 그가 지닌 결점을 말하지만, 그는 지닌 것이 없으므로 그 말에 동요되지 않는다네.

탐욕에서 벗어나 욕심이 없으므로, 성자는 스스로를 저명한 사람 가운데에서, 평범한 사람들 가운데에서, 못한 사람들 가운데에서 평가하지 않으며, 시간에서 벗어나 다시는 시간에 들지 않는다네.

아무것도 지니지 않은 사람, 많지 않은 것을 슬퍼하지 않는 사람, 법 가운데에서 헤매지 않는 사람, 그는 평온하다고 말해진다네.

4-11. 논쟁과 다툼

언쟁, 논쟁, 기타 등등의 근원

언쟁과 논쟁, 질투에 따르는 애통과 슬픔, 중상모략에 따르는 오만과 자만, 이것들은 어디에서 나오나요. 바라옵건대, 이것들을 제게 말씀해 주십시요.

아끼는 것에서 언쟁과 논쟁, 질투에 따르는 애통과 슬픔, 중상모략에 따르는 오만과 자만이 나온다네. 언쟁과 논쟁이 질투에 합쳐지고, 그리하여 논쟁이 일어나면 중상모략이 있다네.

세상에서 아끼는 것, 세상에 만연한 탐욕스러움은 어디에서 비롯되나요. 욕망과 충족은 어디에서 비롯되나요. 사람의 내세에는 어느 것이 더 중요한가요.

세상에서 아끼는 것, 세상에 만연한 탐욕스러움은 소망에서 비롯된다네. 욕망과 충족도 거기에서 비롯되는데, 어느 것이나 사람의 내세에 중요하다네.

세상에서의 소망이 그 근원이면, 분노와 거짓말과 의심에 대한 해답, 그리고 사문께서 알려주신 법들은 어디에서 나오나요.

세상의 즐거움이나 불쾌함이 소망에서 나오는데, 육신의 소멸과 발생을 보면서도 사람들은 그 세상에서 해결책을 꾸민다네.

분노와 거짓말과 의심, 이러한 법들은 짝을 이루니, 의심하는 사람들이여, 앎의 방편을 배우라. 대사문께서 분명하게 보여주신 법들을 빈틈없이.

즐거움과 불쾌함, 그것들의 근원은 어디에 있습니까. 무엇이 부족해서 이것들이 일어나지 않나요. 이 생각, 즉 '소멸과 발생', 여기에서 무엇이 일어나는지 말씀해 주십시오.

즐거움과 불쾌함, 그것들의 근원은 촉에 있으니, 촉이 없으면 일어나지 않는다네. 이 생각, 즉 '소멸과 발생', 그것들의 근원이 여기에서 나온다고 나는 그대에게 말하네.

촉의 근원이 무엇인가요. 집착은 무엇에서 나오나요. 무엇을 원해야 이기심이 없어지나요. 무엇이 소멸되어야 촉이 촉되지 않나요.

명과 색으로 인하여 촉이 있고, 집착은 소망에 그 근원이 있으니, 소망의 소멸로써 이기심이 없어지고, 색의 소멸로써 촉이 촉되지 않는다네.

어떻게 해야 색을 이루는 존재가 소멸됩니까. 어떻게 해야 기쁨과 괴로움의 존재가 소멸됩니까. 이것을 제게 말씀해 주십시오. 어떻게 해야 소멸되는지 저희는 알고 싶고, 제 마음도 그러합니다.

타고난 의식과 함께하지 말고, 터무니없는 의식과도 함께하지 말고, 의식 없이도 하지 말고, 없어진 의식과도 함께하지 말라. 이리하면 색으로 이루어진 존재가 소멸되는데, 망상의 근원이 의식에 있기 때문이네.

저희가 여쭌 것을 설하여 주셨는데, 다른 질문도 여쭙고자 하오니, 그것도 말씀해 주십시오.
지혜로운 어떤 사람들이 야차(夜叉)의 청정은 중요하지 않다고 말하는데, 그들은 혹시 이것과 다른 것을 말하는가요.

지혜로운 어떤 사람들은 야차의 청정이 중요하다고 말하는데, 그들 중 일부는 삼매(三昧)[299]를 말하지만, 대가들은 무여(無餘)[300]를 말한다네.

이러한 것에 의존해야 함을 알아서 세밀하게 살피는 성자는 의존해야 할 것을 알고, 그것에서 자유롭게 벗어남도 알아서 논쟁에 들지 않으니, 지혜로운 이들은 다시 태어남으로 가지 않는다네.

4-12. 작은 전선[301]

논쟁하는 사변가들에 대한 기록.
사변의 다양한 교파들이 서로 반박하며 서로 다른 진리를 내세우지만, 그러나 진리는 오직 하나뿐이다. 논쟁이 계속되는 한 세상에서의 갈등은 계속 이어질 것이다.

스스로 대가라고 주장하는 사람들, 자기의 견해를 고수하며 다툼으로

---

299 samaya. 여러 가지 뜻이 있다. 첫째는 삼매(三昧)이다. 'Samadi, Samapatti'라고 한다. 한역하면 삼마야(三摩耶)인데, 삼마지(三摩地) 또는 삼매(三昧)라고 하며, 모두 정(定)의 뜻을 지닌다. 둘째는 가상의 시간을 나타낸다. 가시(假時)라고 한다. 우주의 시작점 역시 삼마야이다. 셋째, 교법(敎法) 또는 법(法)의 의미로 쓰인다. 넷째, 억제 또는 금욕의 의미로도 쓰이는데, 이는 삼매의 결과로 이어진 것이다.

300 anupâdisesa. 무여(無餘). 오온(五蘊)이 소멸되어 아무것도 남지 않은 상태.

301 Culaviyuha. Cula는 작다는 뜻이다. Viyuha는 배열을 말하는데, 주로 상대와 맞서는 형태, 전열(戰列) 또는 가장 앞에 나선다는 의미의 전열(前列)의 의미를 가진다.

빠져든다. 그러나 '이것을 깨닫는 사람은 법을 아는 것이고, 이것을 비방하는 사람은 완벽하지 못한 것이다.'

다툼에 빠져들어 논쟁하면서, '상대방이 바보 같고 무지하다.'라고 말한다. 간절히 묻건대, 어느 것이 진실한 가르침인가. 모두들 스스로 대가라고 주장하는데.

상대의 가르침을 인정하지 않는 사람, 바보이고, 짐승이고, 이해력이 빈약한 사람이고, 모두들 이해력이 몹시 빈약한 바보들이지만, 그러나 모두들 자기의 견해만 고수한다.

그들은 틀림없이 자기의 견해를 청정하게 하였고, 순수한 깨달음을 지녔고, 전문적이고, 사려가 깊다. 거기에는 빈약한 깨달음을 지닌 사람도 없고, 견해도 아주 완벽하다!

나는 말하지 않으련다. 바보들이 서로 '이것이 진짜다.'라고 말하는 것을. 그들은 자기의 견해를 진리로 만들고, 그리하여 다른 사람을 바보로 여긴다.

자신의 말은 진리이고, 진짜이고, 다른 사람의 말은 속이 비고, 가짜다. 그렇게 이의를 제기하면서 논쟁한다. 어째서 사문들은 같은 것을 말하지 않는가.

진리는 하나이고, 또 다른 하나가 없다. 총명한 사람이 다른 총명한 사람과 진리에 대해 논쟁을 벌이지만, 서로 다른 진리를 찬양할 뿐이다. 그래서 사문들은 같은 것을 말하지 못한다.

스스로 대가라고 주장하는 논쟁자들이 어째서 서로 다른 진리를 내세우는가. 여러 가지 진리에 대해 들었던 것인가, 아니면 추론을 따를 뿐인가.

세상에는 여러 가지 진리란 것이 없고, 의식(意識)을 제외하면 영원한 것도 없다. 그런데도 견해를 따지면서 진실과 거짓이라는 두 가지 법을 내세운다.

보았던 것, 들었던 것, 계와 행, 생각했던 것에 관하여, 기분 좋은 해결책 대신 경멸하는 시선으로 바라보며, 상대방이 어리석고 무지한 사람이라고 말한다.

다른 사람은 바보이고, 스스로는 대가이니까.
그의 생각에 그는 적절한 것을 말하는 사람이기 때문에 다른 사람을 비난한다고 그렇게 말한다.

고압적 견해, 터무니없는 오만, 스스로 완벽하다는 생각에 가득차 있으며, 그의 생각에 그의 견해가 아주 완전하기 때문에 영혼의 기름부음을 받았다고 생각한다.

만일 다른 사람이 낮게 평가하면 그 사람의 깨달음이 낮다고 말하는데,

그가 성취된 지혜로운 사람이라면 사문에는 어떤 바보도 없을 것이다.

'이와 다른 가르침을 전하는 사람들은 청정함이 부족하고 결점이 있다.'라고 외도들이 거듭 말하는데, 그들은 그들의 견해에 대해서만 열정을 부추기려는 것이다.

이렇게 청정함을 주장하지만, 다른 가르침의 청정함은 용납하지 않는다. 그러면서 폭넓게 들여다보면 그들의 방편에 무언가 확실한 것이 있다고 말한다.

그들의 방편에 무언가 확실한 것이 있다고 말하면서 상대방을 바보로 여긴다. 그리하여 상대를 바보나 청정하지 못한 사람이라 말하면서 갈등을 일으킨다.

해결책 대신 스스로의 평가에 따라 더욱 더 많은 논쟁에 들어가지만, 그러나 그러한 모든 해결책을 떠나면 세상 그 누구와도 갈등이 일어나지 않을 것이다.

4-13. 커다란 전선

사변가들은 청정함으로 나아갈 수 없다. 그들은 스스로를 찬양하면서 다른 사람에게 낙인을 찍을 뿐이다. 그러나 한 바라문이 모든 논쟁을 극복했는데, 그는 배우는 것에 무관심하였고, 논쟁을 진정시켰다.

견해를 양보하지 않는 사람들이 논쟁하며 말한다. '이것이 진리이다.' 그들 모두는 비난을 받지만, 이러한 일로 칭찬을 얻기도 한다.

이것은 작다. 평온함에 충분치 못하다. 나는 논쟁에 두 가지 열매가 있다고 말한다. 이를 알면, 누구도 논쟁하지 말라. 논쟁이 없는 경지인 안온함[302]을 깨달으라.

지혜로운 사람은 사람 사이에서 일어나는 이 모든 생각들을 끌어안지 않고 홀로 선다. 보았던 것, 들었던 것도 즐거워하지 않는데, 쓸데없이 그런 것에 의지하겠는가[303].

---

302 Khema. 두 가지 뜻이 있다. 하나는 비구니를 가리키는 말, Kṣemā이고, 하나는 열반의 33가지 표현 가운데 하나이다. 열반을 가리키는 말은 다음과 같다. Asankhata 무위(無爲), anta 종극(終極), anāasava 무루(無漏), sacca 진리(眞理), pāara 피안(彼岸), nipuna 극묘(極妙), sududdasa 극난견(克難見), Ajaratta 불로(不老), dhuva 견고(堅固), apalokita 조견(照見), anidassana 무견(無見), nippapa 무희론(無戲論), santa 적정(寂靜), Amata 불사(不死), panīita 극묘(極妙), siva 지복(至福), khema 안은(安穩), tanhakkhayo 애진(愛盡), acchariya 희유(稀有), abbhuta 미증유(未曾有), Anīitika 무재(無災), anīitikadhamma 무재법(無災法), nibbāana 열반(涅槃), Abyāapajjha 무에(無恚), virāaga 이탐(離貪), suddhi 청정(清淨), mutti 해탈(解脫), anāalaya 무착(無着), Dīipa 섬(嶋), lena 동굴(洞窟), tāana 피난처(避難處), sarana 귀의처(歸依處), Parāayana 구경(究竟).

303 resort to dependency. 'resort to'는 '(어쩔 수 없이) ~에 의지하다', dependency는 종속(從屬).

계(戒)를 최상으로 여기는 사람들은 청정을 절제와 관련지어 말한다. 그러면서 그들은 행의 결과를 스스로 떠안는다. 이것을 배우라. 청정함을 배우라. 스스로 유일한 대가라고 주장하는 존재를 원한다면.

그들은 계와 행에서 멀어지면, 행을 잃었음에 몹시 근심한다. 애통해하며, 이 세상에서의 청정을 간절하게 바란다. 마치 무리 잃은 대상(隊商)이나 집에서 멀리 떨어져 헤매는 사람처럼.

나쁜 행이거나 떳떳한 행이거나 간에 계와 행을 모두 떠나면, 청정한 것이나 청정하지 못한 것이나 간에 바라지도 못하니, 그는 평화로움을 끌어안지 못하고 포기한 채 만행한다.

괴로운 일, 싫은 일, 또는 보았거나, 들었거나, 생각했던 것을 방편 삼아 상승하려던 그들은 다시 태어나는 존재에의 소망에서 벗어나지도 못하고, 청정한 것을 생각하며 비탄에 젖는다.

존재에의 소망을 털어내지 못하고 앞날이 두려워 떨지만, 죽음도 없고 재탄생도 없으면 무슨 이유로 무언가를 소망하거나 두려워하며 떨겠는가.

어떤 사람이 최상의 법이라고 하는 것을 다른 사람은 형편없다고 말한다. 간절히 묻건대, 그중 어느 것이 진실한 가르침인가. 모두가 스스로를 대가라고 주장하는데.

자신의 법은 완벽하다 말하고, 다른 사람의 법은 형편없다고 말한다. 그렇게 의견이 갈리지만, 서로 자신이 진리라고 말한다.

다른 사람의 혹평으로 법이 낮아진다면, 그 법에는 뛰어난 사람이 없을 것이다. 다른 사람의 법을 낮다고 하면서, 자기의 법에는 뭔가 확실한 것이 있다고 말하기 때문이다.

자기의 법에 대한 숭배는 자기의 방편에 대한 찬양만큼이나 대단하다. 모든 교파가 같은 경우에 속하는데, 때문에 그들의 청정은 서로 다르다.

바라문은 다른 사람에게 의존할 것도 없고, 세밀하게 살펴 끌어안을 법도 없다. 그러므로 그는 논쟁을 극복한다. 다른 어떤 법도 최고로 생각하지 않기에.

'깨달았다. 나는 찾았다.' 그렇게 말하면서, 그 견해를 따라가면 청정함이 돌아온다고 말한다. 만일 청정함을 찾았다면, 그렇다면 나머지 사람의 견해는 무엇인가. 청정함이 다른 견해에도 존재한다고 말하는 것을 억누르면서.

찾는 사람은 명과 색을 찾을 것이고, 찾았으면 깨달을 것이니, 많건 적건 간에 원하는 대로 찾게 하라. 대가들은 견해에 따라 청정함이 존재한다고 말하지 않으니까.

독단적 논리자는 청정함으로 이끄는 지도자가 아니다. 편향된 견해로 이끌 뿐이다. 그의 가르침에 선(善)이 있다고 말하는 것, 청정함이 거기에 있다고 말하는 것은 그가 그렇게 볼 뿐이다.

바라문은 환생이나 윤회에 들지 않는다. 견해의 추종자도 아니고, 지식의 옹호자도 아니다. 사람들이 일으키는 생각을 꿰뚫었지만, 배우는 것에 무관심하다. 다른 사람들은 습득하려고 애쓰지만.

세상의 속박을 풀어버린 성자는 논쟁에서도 열성파가 아니다. 진정되지 않는 사람들 사이에서 진정하고 있으며, 개의치도 않고, 익힌 것을 고집하지도 않는다. 다른 사람들은 습득하려고 애쓰지만.

전에 지녔던 열정을 버리고, 새로운 것에 접촉하지도 않으며, 소망을 따라 가지도 않는다. 독단적 논리자가 아니니, 모든 견해에서 벗어나 지혜로워지고, 세상에 연연하지 않으며, 스스로를 비난하지도 않는다.

보았거나, 들었거나, 생각했거나 간에 모든 가르침과 따로 떨어졌으니, 그는 짐을 내려놓고 자유롭게 벗어난 사람이며, 시간에 속하지 않고, 죽지도 않고, 어떤 것도 원하지 않는 성자이다. 그래서 세존이라 말한다.

4-14. 빠르게

어떻게 비구들이 지극한 복을 얻는가. 의무는 무엇인가. 무엇을 피해야만 하는가.

태양족의 한 사람이자 위대한 대선인이신 당신께 은둔과 평온함의 경지에 대해서 묻습니다.
비구가 그것을 찾은 후에, 어떻게 세상의 어떤 것에도 집착하지 않고 적멸할 수 있습니까.

'나는 지혜다.'라는 생각, 망상이라 불리우는 것의 뿌리를 완전히 잘라내라.
라고 세존께서 말씀하셨다.
안에서 일어나는 모든 욕망, 그들을 다스리는 법을 익히라. 항상 사려 깊게.

안이나 밖의 모든 법을 익히라. 오만하지 말라. 훌륭한 사람들은 그것을 지극한 복이라 하지 않으니까.

스스로 낫다거나, 못하다거나, 같다는 생각을 하지 말라. 다른 사람들이 의문을 제기해도 스스로를 꾸미지 말라.

비구들이여, 안으로부터 진정하라. 다른 것에서 평화로움을 찾지 말라. 안으로부터 진정하는 사람에게는 집착하거나 마다할 것이 없다.

4. 팔구의 장[Atthaka-vagga]　　　　　　　　　　　269

파도 없는 바다가 고요한 것처럼, 그렇게 비구들이여, 고요하라. 욕망 없이. 무엇이든, 어떤 것이든, 소망하지 말라.

열린 눈을 가지신 분께서 위험을 없애는 법을 알기 쉽게 자세히 말씀하셨습니다. 경건한 수행, 계율이나 명상에 대해서도 말씀해 주십시오.

세존
눈으로 탐하지 말라. 세간의 말을 멀리 하라. 달콤한 것을 탐하지 말라. 세상의 어떤 것도 소망하지 말라.

촉에 접촉되었을 때, 비구들이여, 애통해하지 말라. 어디에서든 존재를 원하지 말라. 위험을 근심하지 말라.

쌀밥과 마실 것, 단단한 음식[304]과 의복을 얻었으면 쌓아두지 말라. 얻지 못해도 속상해하지 말라.

기웃거리지 말고 명상에 잠겨 있으라. 좋지 않은 행실을 삼가하라. 게으르지 말라. 비구들이여, 조용한 곳에서 지내라.

너무 많이 자지 말라. 스스로를 돌아보는 것에 전념하라. 태만함, 거짓됨, 웃음거리, 장난질, 성교, 몸단장을 버리라.

---

304 solid food. 고형(固形)이 유지되어 씹어먹을 수 있는 음식. 반찬.

아타르바 베다[305]를 행하거나, 해몽, 관상, 점성술에 몰두하지 말라. 제자들이여, 새점[306]이나 수태술[307]에 스스로를 쏟아붓지 말라. 의술(醫術)에도 그러하지 말라.

비구들이여, 비난 받을 것을 근심하지 말고, 찬양받을 때에 우쭐거리지 말라. 욕심, 분노, 중상모략과 함께 탐욕스러움에서 떠나라.

비구들이여, 사거나 파는 일에 종사하지 말라. 어떤 상황에서든 다른 사람을 비난하지 말라. 마을에서 꾸짖지 말라. 사람들에게 이득을 목적으로 말하지 말라.

비구들이여, 허풍쟁이가 되지 말라. 입에 붙은 말을 하지 말라. 오만을 배우지 말라. 다투는 말을 하지 말라.

거짓말에 이끌리지 말라. 의식적으로 사악한 짓을 하지 말라. 먹고 사는 것, 깨달음, 계, 그리고 행에 관하여 다른 사람을 업신여기지 말라.

말 많은 사문에게 많은 말을 들었어도 거친 말로 짜증스럽게 대답하지 말라. 훌륭한 사람은 다른 사람을 좌절시키지 않는다.

---

305 Athabbana. 아타르바 베다. the Atharva Veda. 고대 인도의 네 가지 베다 가운데 가장 마지막에 성립된 베다. 바라문교 경전이 아닌 민간신앙을 바탕으로 하는 베다.
306 the cry of birds. 새의 울음소리로 길흉화복을 판단하는 점술.
307 causing impregnation. 수태(受胎)를 초래하는 것'. 임신이 되게 하는 수태술(受胎術).

이 법을 깨달아 세밀하게 살피는 사람들이여, 늘 사려깊은 비구를 배우라. 지극한 복이 평화로움 가운데 있다고 생각하고, 고타마의 계율 안에서 게으르지 말라.

정복되지 않는 정복자, 그는 어떠한 전통적 가르침도 없이 법을 뚜렷하게 보았으니, 그의, 세존의 계율 안에서 주의깊게 익히고 늘 경배하라.

4-15. 스스로에 대한 회초리

성취를 이룬 성자에 대한 기록.

회초리를 잡은 사람에게 두려움이 일어난다. 서로 죽이는 사람들을 보라. 나는 내가 알고 있는 것, 큰 슬픔에 대해 말하리라.

작은 웅덩이의 물고기처럼 발버둥 치며 싸우는 사람들을 보노라면, 서로가 서로를 가로막는 그들을 보노라면, 두려움이 갑작스레 밀려온다.

세상은 완전히 허울 좋은 이름뿐, 모든 사대주(四大洲)가 불안정하다네. 스스로 머물 곳 원하지만 사람 없는 곳을 찾지 못했다네.

마침내 방해되는 것을 모두 찾아냈고, 내게 불만스러움이 일어났다네. 그리하여 찾기 어려운 것을 찾았다네. 이 세상에서 마음에 꽂히는 화살을.

화살 맞은 사람들이 산지사방으로 달아났다네. 그러나 화살을 뽑아냈다면 달아나지 않고, 그냥 앉아 있었을 것이네.

여러 학문에 통달했어도, 세상에 속박된 것에 스스로를 몰입시키지 말고, 욕망을 완전히 붙들어맨 채 자신의 열반을 익히라.

성자들이여, 진실되라. 오만함이 없이. 허위를 지니지 말고. 중상모략을 하지 말고. 화를 내지 말고. 허욕을 이겨내라.

열반을 향해 발심한 사람들이여, 졸음, 나른함, 나태함을 정복하라. 게으름과 함께 살지 말라. 자만에 빠지지 말라.

거짓에 이끌리지 말라. 색에 대해 애착을 쏟지 말라. 오만함을 꿰뚫으라. 폭력을 삼가하면서 만행하라.

익숙한 것을 즐기지 말라. 새로운 것에 기울지 말라. 잃어버린 것에 집착하지 말라. 욕망에 스스로 굴복하지 말라.

나는 탐욕을 거대한 물줄기라고 부르고, 경거망동, 갈망, 고통스러움,

건너기 어려운 음욕의 수렁도 그렇게 부른다네.

견고한 대지에 꿋꿋하게 선 채, 진리에서 일탈함이 없는 성자, 바라문, 모든 것을 버린 그는 진실로 평온하다고 말하네.

그는 정말 지혜로우며, 성취하였으며, 의지함이 없는 법을 깨달았다네. 세상을 올바르게 만행하며, 이승의 어떤 것도 부러워하지 않는다네.

세상에서 버리기 어려운 속박과 음욕을 이겨낸 사람, 물줄기를 끊어 속박이 없는 존재, 그는 탐내지 않고, 슬퍼하지도 않는다네.

그대 앞에 놓인 것, 그것을 치우라. 그대의 뒤에도 남기지 말라. 생의 한가운데에 있는 것에 집착하지 않는다면, 그대 평온하게 만행하리라.

명이나 색에 전혀 욕망이 없는 사람, 더 많지 않은 것을 슬퍼하지 않는 사람, 그는 정말로 세상에서 퇴락하지 않는다네.

'이것은 나의 것이다.' 그리고 '다른 사람도 뭔가 가지고 있다.'라고 생각하지 않는 사람, 이기심이 없는 사람, 그는 가진 것 없어도 슬퍼하지 않는다네.

거칠게 굴지 않고, 탐내지 않고, 욕망이 없고, 어떤 환경에서도 변함이 없는 존재, 흔들림이 없는 사람, 그에 대해 물으면 나는 선과(善果)라고 말한다네.

욕망으로부터 자유로운 사람, 통찰력이 있는 사람, 그는 행고(行苦)가 없어 온갖 수고를 다하지 않아도 어디에서나 행복을 찾는다네.

성자는 스스로를 평범한 사람에 속한다고 생각하지 않고, 낮은 사람에 속한다고 생각하지도 않고, 뛰어난 사람에 속한다고 생각하지도 않는다네. 평온하고 욕심에서 자유로워, 어느 것이든 집착하거나 마다하지 않는다네.

4-16. 사리불

비구는 스스로를 무엇에 쏟아부어야 하는가.
사리불의 질문에 부처님께서 그가 나아가야 할 삶이 무엇인지 보여주셨다.

전에 뵈온 적이 없었고,
라고 존자 사리불이 말했다.
다른 누구도 그처럼 아름답게 말씀하시는 스승, 도솔천에서 내려오신 교사에 대해 듣지 못했었나이다.

분명하게 보시는 분, 그분은 인간과 신의 세상에 나오시어 모든 어두움을 떨쳐내셨으며, 그런 까닭에 세상 가운데에서 홀로 만행하시나이다.

홀로 서신 분, 변함이 없으신 분, 거짓이 없는 교사, 진리를 따라 세상에 오신 분, 여기 계신 부처님께 제가 이 세상에 매여있는 많은 사람들로부터 질문을 가지고 간절한 마음으로 찾아왔나이다.

세상을 꺼리어 외딴 자리, 나무뿌리, 무덤가, 산속 동굴을 즐겨 찾는 비구들, 이러한 거처들에는 위험한 것이 정말 많은데도, 비구들은 그런 한적한 거처를 두려워하지 않나이다.

불멸의 경지로 가려는 그들에게 이 세상은 위험한 것이 정말로 많은데도, 비구들은 멀리 떨어진 거처에서 그것들을 이겨내고 있나이다.

어느 것이 그들의 말이며, 어느 것이 세상에서 그들의 목표이며, 어느 것이 정진하는 비구의 계와 행인가요.

무슨 공부에 스스로를 쏟아부어야 하나요. 지혜롭고 사려깊게 하나의 목표에 집중하면 그 자신의 묵은 때를 벗겨낼 수 있나요. 대장장이가 은(銀)을 그리하는 것처럼.

태어남을 역겨워하는 사람들이 무엇을 즐거워하겠는가. 오, 사리불이여.
라고 세존께서 말씀하셨다.
외로운 거처를 일구고, 법에 따른 완벽한 깨달음을 사랑한다면, 그것이 내가 깨달은 것이다. 라고 그대에게 말하리라.

지혜롭고 사려깊은 비구들이여, 다섯 가지 위험을 두려워하여 경계선에서 헤매지 않도록 하라. 쇠파리, 파리, 뱀, 사람과 마주치는 것, 그리고 네 발 달린 짐승.

적을 두려워하지 말라. 그들에게서 많은 위험을 찾았어도, 다시 또 선한 것을 찾으면서 위험을 이겨내라.

질병과 굶주림을 자기의 것으로 하라. 추위와 무더위를 견디라. 그것들을 여러 가지 방편으로 자기의 것으로 하라. 집을 떠난 존재여, 확고하게 정진하라.

도둑질하지 말라. 거짓되이 말하지 말라. 약하거나 강하거나 간에 친절하게 대하라. 무엇이 마음을 동요시키는지를 알아, 악신의 앞잡이인 그것을 물리치라.

분노와 오만의 힘에 빠지지 말라. 그 뿌리를 파내면서 살아가라. 그리하여 즐거운 것, 불쾌한 것 모두를 이겨내라.

지혜를 따르고, 선한 것을 즐거워하고, 위험한 것을 흩어버리라. 멀리 떨어진 거처에서 불만족스러운 것을 이겨내라. 애통함의 네 가지 원인을 이겨내라.

무엇을 먹을까요. 어디에서 먹을까요. 정말로 잠자리가 불편했는데, 오늘 밤은 어디에서 누울까요.
집을 떠나 만행하는, 공부하는 사람[308]들이여, 이러한 통탄할 만한 의문을 다스리라.

먹을 것, 입을 것 모두를 때에 맞춰 챙기고, 행복을 위한 절제를 알라. 이러한 것을 지키면서, 마을에서 자제하며 만행하라. 화가 나도 거친 말을 말하지 말라.

눈을 내리감고 있으라. 곁눈질 말고 명상에 집중하여 주의깊으라. 평정을 성취한 안정된 마음으로 의심과 좋지 않은 행실의 자리를 끊어내라.

말로써 격려하고, 사려깊게 기뻐하라. 동문 친구에 대해 완고하지 말라. 호의를 가진 말을 입 밖에 내고 엉뚱한 말을 말라. 다른 사람에 대해 빗나간 생각을 말라.

세상의 다섯 가지 부정한 것과 부수되는 것을 사려깊게 배우라. 색성향미촉에 대한 열정을 이겨내라.

비구들이여, 법에 대한 이러한 소망을 잘 다스려 사려깊게 하라. 그리

---

308 Sekha. 공부하는 사람. 'belonging to training, in want of training, one who has still to learn,'(PTS사전).

하여 마음이 잘 벗어나게 하라. 그리하면 때에 맞추어 법을 성찰하여 하나의 목표에 집중하게 될 것이고, 어둠을 깨부수게 될 것이다. 라고 그렇게 세존께서 말씀하셨다.

5. 피안으로 가는 길[309]의 장[Pārāyana-vagga]

5-1. 서게(序偈)[310]

아사카[311] 영역의 고다바리[312] 강둑 위에 사는 바바리 바라문에게 다른 바라문이 찾아와 오백 냥의 돈을 요구했다. 돈을 얻지 못하자 악담을 퍼부으며 말하기를, '그대의 머리가 일곱째 날에 일곱 조각으로 쪼개질 것이다.'라고 하였다.

신(神)이 바바리에게 부처님을 언급하면서 위로하였다. 그리하여 바바리가 열여섯 제자를 부처님께 보냈고, 그들이 각각 부처님께 질문을 던졌다.

---

309 Pārāyana. pāra는 'on the further side of', '건너편 언덕'을 말하고, yana는 나아간다는 뜻이다. PTS사전에는 'the highest (farthest) point, final aim, chief object, ideal; title of the last Vagga of the Sutta Nipāta.'로 되어 있다. 한역으로는 피안도(彼岸道).

310 Vatthu-gatha. Vatthu는 '기본'. gatha는 'gāthā', 운율이 들어간 싯구 또는 운문. 서시(序詩) 또는 서게(序偈)의 뜻.

311 고대 인도 16대국 가운데 하나.

312 Godhâvarî. 인도 중북부를 동쪽으로 흘러 벵골만으로 들어가는 강물의 이름.

코살라의 아름다운 도시에서, 송가의 운율에 정통한 어떤 바라문이 무(無)[313]를 바라고 남쪽으로 내려왔다.

그는 알라카[314]의 이웃, 아사카 영역의 고다바리 강둑 위에서 살았고, 이삭이나 열매를 먹었다.

강둑 가까이에 큰 마을이 있었고, 그는 거기에서 얻은 것으로 큰 희생제를 준비하였다.

큰 희생제를 올리고 다시 거처로 돌아왔는데, 막 돌아왔을 때 또 다른 바라문이 도착하였다.

퉁퉁 부은 발에 후들후들 떨고 있었고, 진흙 먼지로 뒤덮였고, 머리에도 먼지를 뒤집어쓴 채였다. 그가 다가와 오백 냥을 요구하였다.

바바리가 그를 보고 자리에 앉도록 하였고, 기분 상태와 몸 상태가 어떤지를 묻고는 다음과 같이 말했다.

내가 가진 보시물은 모두 나누어 주었습니다. 용서하시요. 오, 바라문이여. 내게는 오백 냥이 없습니다.

---

313 nothingness. 아무것도 없음. 공(空).
314 Alaka. 지명인 듯. 상세한 것은 알 수 없다.

내가 요구한 것을 주지 않으면, 그대의 머리가 일곱 번째 날에 일곱 조각으로 쪼개질지도 모르겠소.

통상적인 인사를 마친 후에 이 협잡꾼은 그렇게 끔찍한 저주를 퍼부었다. 이 말을 들은 바바리는 슬픈 마음이 되었다.

슬픔의 화살에 꽂힌 채 음식을 먹지 않아 야위게 되었으나, 그러나 아직 그의 마음은 명상을 즐겨하고 있었다.

바바리가 공포와 슬픔으로 타격받은 것을 보고, 자애로운 신이 그에게 다가와 다음과 같이 말했다.

그는 머리를 알지 못합니다. 부(富)를 탐내는 위선자입니다. 머리에 대한 지식도, 머리를 쪼개는 것도 그로서는 아는 것이 없습니다.

존귀하신 분께서 그것을 아신다면, 그렇다면 지금 묻겠사오니, 머리와 머리를 쪼개는 것에 대해 모두 말씀해 주십시오. 당신의 말씀을 듣겠습니다.

나는 알지 못합니다. 내게는 그런 지식이 없습니다. 머리와 머리를 쪼개는 것, 이것은 부처님에게서 찾으셔야 합니다.

그렇다면 말씀해 주십시오. 이 둥근 대지 위에서 누가 머리와 머리 쪼개는 것을 아는지, 그것을 제게 말씀해 주십시오. 오, 신이시여.

5. 피안으로 가는 길의 장[Pārāyana-vagga]　　283

예전에 카필라성에서 세상의 지배자, 감자왕의 자손, 석가족의 아들, 빛을 주시는 분이 나오셨습니다.

그분은, 오, 바라문이시여. 완벽하게 깨달으신 분입니다. 모든 것에 완벽하시고, 모든 지혜의 힘을 얻으셨고, 어느 것이나 분명하게 보십니다. 그분은 모든 것을 소멸시킴에 이르셨고, 그리하여 집착으로 인한 파멸에서 벗어나셨습니다.

그분은 깨달으신 분 부처님이시며, 세상의 세존이십니다. 분명하게 보시는 분인 그분께서는 법을 가르치십니다. 그분께 가서 물어보십시오. 당신께 그것을 설해 주실 것입니다.

정각자[315]라는 말을 듣고, 바바리는 기뻐서 어쩔 줄 몰랐다. 슬픔이 줄어들었고, 커다란 기쁨이 충만했다.

바바리는 기쁘고 흐뭇하였다. 그리하여 신들에게 간절하게 물었다. 어느 마을, 어느 동네, 어느 지방에 세상의 으뜸이 계신가요. 어느 곳에 가야 저희가 완벽하게 깨달으신 분, 사람 가운데 가장 높으신 분을 뵈올 수 있을까요.

코살라의 도읍 사위성에 위대한 깨달음과 폭넓은 뛰어난 지혜를 지니신 부처님께서 머무시는데, 석가족의 후손이시고, 굴레를 벗으시고,

---

315 Sambuddha. 정각자(正覺者). 정각불(正覺佛). '완벽하고 올바르게 깨달으신 부처'.

열정에서 자유로우시고, 머리 쪼개기에 숙련되신, 사람 가운데의 우두
머리이십니다.

그러자 바바리가 그의 제자들, 송가에 완벽한 바라문들에게 말했다.
오라. 젊은이들이여. 내가 말할지니, 나의 말에 귀를 기울이라.

세상에 출현하신 그분은 자주 뵙기 어려운데, 지금 세상에 나시어 정
각자로 널리 알려졌으니, 속히 사위성으로 가서 사람 가운데 최상이
신 그분을 뵈오라.

그분을 뵈올 때에 부처님이신지 아닌지 저희가 어떻게 알 수 있나요.
오, 바라문이시여. 저희가 그분을 어떻게 알아볼 수 있을지를 말씀해
주십시오.

송가에서 거룩한 분의 특징을 찾아야 하오, 삼십이상호가 하나 하나
씩 모두 밝혀져 있다오.

신체에서 거룩한 분의 특징이 발견되는 분에게는 두 가지 길이 주어
질 뿐, 세 번째는 존재하지 않는다오.

만일 그분이 여염에 머문다면, 회초리나 칼 없이 이 세계를 제압할 것
이고, 공정하게 다스릴 것이오.

만일 그분이 여염을 떠나 황야로 나간다면, 그분은 장막을 벗겨내는

성자, 견줄 데 없는 정각자가 된다오.

그대들은 마음속으로 나의 출생과 가문, 나의 특징, 송가, 그리고 나의 다른 제자들, 머리와 머리 쪼개는 것에 대해서 물으시오.

만일 그분이 분명하게 보시는 분, 부처님이라면, 그대들이 마음속으로 물었던 그 질문을 입에서 나오는 말로 대답할 것이요.

바바리의 말을 들은 제자들, 열여섯 명의 바라문, 아지타, 티사메테야, 푼나카, 나아가서 메타구, 도타카와 우파시바, 그리고 난다, 나아가서 헤마카, 토데야와 카파의 두 사람, 그리고 지혜로운 사람 가투칸니, 바드라부다와 우다야, 그리고 또 바라문 포살라 그리고 지혜로운 사람 모가라간, 그리고 위대한 선인 핑기야,

그들은 모두 그들의 무리를 지녔고, 온 세상에 널리 알려져 있었고, 명상을 즐기고 지혜로운, 전생(前生)의 향기를 풍기는 사색가들이었다.

바바리에게 절하고 오른쪽으로 돌아서, 헝클어진 머리에 천 조각으로 맨살을 가리고, 모두들 북쪽을 향해 몸을 돌려 떠나갔다.

먼저 알라카의 파티타나로, 그리고 마히사티로, 그리고 또 우게니, 고나다, 베디사, 바나사브하야로,

그리고 또 코삼비로, 사케타로, 그리고 가장 뛰어난 도시 사위성에서

세타브야로, 카필라성으로, 그리고 쿠시라나의 도읍으로,

그리고 부유한 도시 파바로, 마가다의 도읍 비사리, 사랑스러운 곳, 매혹적인 곳 파사나카의 케티야로.

시원한 물을 찾는 목마른 사람처럼, 돈을 벌려는 장사치처럼, 더위에 지쳐 그늘을 찾는 사람처럼, 그들은 그렇게 서둘러 산을 올랐다.

그때에 세존께서는 비구들 모임에 참석하시어 비구들에게 법을 가르치셨는데, 숲속의 사자처럼 포효하셨다.

아지타는 강한 빛이 없는 햇살, 둥그렇게 차오른 보름달과 같은 정각자를 뵈었다.

그리하여 그의 사지와 모든 상호가 원만한 것을 관찰하고, 한옆에 비켜서서 크게 기뻐하면서, 마음속으로 질문을 여쭈었다.

저에게 저희 스승의 출생에 대해 말씀해 주시옵고, 스승의 상호와 가족에 대해 말씀해 주시옵고, 스승의 송가의 완벽한 것과, 스승께서 송가를 얼마나 많이 암송할 수 있는지를 말씀해 주십시오.

세존께서 말씀하셨다.
일백이십 세이고, 가문은 바바리이고, 사지에 세 가지 상호가 있고, 그리고 세 가지 베다에 완벽하다네.

상호에서, 그리고 어원학, 제식학과 이티하사에서 그는 오백 가지를 암송하며 그가 지닌 법은 완벽함에 이르렀다네.

아지타가 생각했다.
바바리의 상호를 완전하게 설명했구나. 오, 사람 가운데 최상이신 분이시여. 욕망을 끊어내신 분이여. 저희에게 의혹이 남지 않도록 해주십시요.

세존께서 말씀하셨다.
혀가 얼굴을 덮었고, 양 눈썹 사이에 동그랗게 말린 터럭이 있으며, 전음[316]이 살가죽 안에 숨겨져 있으니, 이를 알라. 오, 젊은이여.

묻는 말을 듣지는 못했지만 세존께서 질문에 대답하는 것을 듣고, 바바리의 제자들은 반사적으로 기쁨에 넘쳐 두손 모아 합장하였다.

그는 신이신가, 범천이신가, 아니면 사지[317]의 남편 제석천이신가. 누가 마음속으로 저러한 질문을 물었고, 누구에게 그것을 대답하셨는가.

아지타가 말했다.

---

316 privy member. 소변을 보는 부위. privy에는 변소라는 뜻이 있고, member에는 신체의 일부분이라는 뜻이 있다.
317 Suga. 사지(舍脂). 아수라 왕 비마질다라의 딸. 제석천이 사지에게 청혼하여 허락을 받았으나, 욕정을 참지 못하여 비마질다라 객청에서 사지를 범하였다. 대노한 비마질다라가 아수라를 이끌고 쳐들어왔으며, 이로부터 데바와 아수라의 기나긴 싸움이 시작되었다.

머리와 머리 쪼개는 것을 바바리께서 물으셨습니다. 그것을 설해 주십시요. 오, 세존이시여. 저희들의 의혹을 벗겨내 주십시요. 오, 대선인이시여.

세존께서 말씀하셨다.
무명(無明)이 머리이다. 이를 알라. 앎이 신심, 배려심, 명상, 결의, 그리고 강력함과 함께 머리를 쪼개느니라.

그러자 젊은이가 큰 기쁨에 넘쳐 스스로를 가다듬으며, 한쪽 어깨를 드러내고 발 앞에 머리를 조아렸다.

바바리 바라문이 제자들과 함께, 오, 존귀하신 분이시여. 즐겁게, 기쁘게 당신의 발에 경의를 표하나이다. 오, 분명하게 보시는 분이시여.

세존께서 말씀하셨다.
바바리 바라문이여. 제자들과 함께 기뻐하라. 그대들도 또한 기뻐하고 만수무강하라. 오, 젊은이들이여.

바바리를 위하여, 그대들을 위하여, 그리고 모든 의혹을 가진 모두를 위하여, 이제 기회가 되었으니 무엇이든 그대들이 원하는 것을 물으라.

정각자로부터 허락이 떨어지자, 아지타가 두손을 포개고 그 자리에 일어나 앉으면서 여래께 첫 번째 질문을 여쭈었다.

5-2. 바라문 제자[318] 아지타의 질문[319]

세상은 무엇으로 가려져 있습니까.
라고 존자 아지타가 말했다.
무엇 때문에 빛나지 않습니까. 당신께서는 무엇을 더러움이라 부르십니까. 무엇이 세상의 거대한 위험입니까.

세상은 무명으로 가려져 있다네. 오, 아지타여.
라고 세존께서 말씀하셨다.
욕심 때문에 빛이 나지 않는다네. 나는 욕망을 더러움이라 부르는데, 그것의 두드러진 위험이 괴로움이라네.

욕망의 물줄기는 어느 방향으로나 흐르는데,
라고 존자 아지타가 말했다.
무엇이 물줄기를 가로막는지, 무엇이 물줄기를 억제하는지 말씀해 주세요. 무엇으로 물줄기가 차단될까요.

세상에 있는 물줄기는 무엇이든지, 오, 아지타여.
라고 세존께서 말씀하셨다.
배려심이 그것의 둑이라네. 나는 배려심이 물줄기를 억제하는 것이라 말하는데, 깨달음에 의해 차단된다네.

---

318 manava. 청년기 또는 소년기의 바라문을 가리키는 말. 제자의 의미로 쓰였다.
319 Pukkha. 'puccha'로 쓰인 본도 있다. puccha는 'Pucchā'인데, 질문의 뜻이다.

깨달음과 배려심 둘다이군요.

라고 존자 아지타가 말했다.

그리고 명(名)과 형(形)[320], 오, 존귀하신 분이시여. 이것에 대해 여쭙나니, 무엇에 의해 이것이 멈추어지는지 밝혀 주십시요.

부처님

그대가 물은 이 질문, 오, 아지타여. 그것을 그대에게 설하리라.

무엇에 의해 명과 형이 완전하게 멈추는가. 의식의 종식에 의해 멈춘다네.

아지타

법을 고찰해 온 사람들, 그들의 제자들, 그리고 세상의 평범한 사람들, 그들의 삶의 방식에 대해 묻사오니, 저희에게 밝혀 주십시요. 지혜로우신 분, 오 존귀하신 분이시여.

부처님

비구여, 감각적 즐거움을 열망하지 말라. 마음을 평온하게 하라. 모든 법 안에서 능숙하게, 그리고 사려깊게 만행하라.

5-3. 바라문 제자 티싸메테야의 질문

---

320 name and shape. 명(名)과 형(形). 명(名)은 모양이 없는 존재, 형(形)은 모양이 있는 존재를 말하니, 곧 색(色)의 뜻이다.

누가 이 세상에 만족하고 있습니까.
라고 존자 티싸메테야가 말했다.
누가 흔들림이 없습니까. 깨달음에 관한 한, 누가 양쪽 생의 끝을 알아 중간의 생에 집착하지 않습니까. 당신께서는 누구를 거룩한 사람이라 부르십니까. 누가 이 세상에서의 욕망을 극복하였습니까.

감각적 즐거움을 멀리하는 비구는, 오, 메테야여.
라고 세존께서 말씀하셨다.
욕망으로부터 자유로운 사람은 깊이 성찰하고, 늘 사려깊고, 행복하여 흔들림이 없다네. 깨달음에 관한 한 양쪽 생의 끝을 알아서 중간의 생에 집착하지 않는다네. 나는 그를 거룩한 사람이라 부르는데, 그는 세상에서의 욕망을 이겨냈다네.

5-4. 바라문 제자 푼나카의 질문

욕망이 없으신 분, 뿌리를 찾으신 분, 그분께,
라고 존자 푼나카가 말했다.
제가 질문을 가지고 간곡한 마음으로 왔습니다. 대선인, 사람들, 찰제리, 바라문들이 무엇 때문에 신들에게 풍성한 희생을 올리나요. 당신께 묻사오니, 오, 세존이시여. 제게 말씀해 주십시오.

이 모든 대선인과 사람들, 찰제리와 바라문들은, 오, 푼나카여.
라고 세존께서 말씀하셨다.
이 세상에서 신들에게 풍성한 희생을 올리는 사람들은, 오, 푼나카여. 노령에 이르러서도 현재의 상태가 유지되기를 바라며 희생을 올린다네.

이 모든 대선인과 사람들과, 찰제리와 바라문들과,
라고 존자 푼나카가 말했다.
신들에게 풍성한 희생을 올린 사람들, 오, 세존이시여. 공양이라는 방편을 끊임없이 올린 그 사람들은 태어남과 늙음을 건너갔나요. 오, 존귀하신 분이시여. 당신께 묻사오니, 오, 세존이시여. 제게 말씀해 주십시요.

그들은 감각적 즐거움의 포기를 찬양하고, 소망하고, 바랐었다네. 오, 푼나카여.
라고 세존께서 말씀하셨다.
그러나 공양을 퍼부으면서도 감각적 즐거움을 소망하였고, 존재에 대한 열정에 물들어 태어남과 늙음을 건너가지 못했다고 그렇게 나는 말한다네.

그렇게 공양을 퍼부었어도,
라고 존자 푼나카가 말했다.
태어남과 늙음을 건너가지 못했다면, 오, 존귀하신 분이시여. 그러면 신들과 사람들의 세상에서 누가 태어남과 늙음을 건너갔나요. 오, 존귀하신 분이시여. 당신께 묻사오니, 오, 세존이시여. 제게 말씀해 주십시요.

세상에서의 모든 일을 깊이 생각하라. 오, 푼나카여.
라고 세존께서 말씀하셨다.
세상 어느 곳에서나 물리침을 당하지 않는 사람, 허깨비 같은 열정이 없어도 고뇌로부터 자유롭고 욕망으로부터 자유로워 평온한 사람, 그는 태어남과 늙음을 건너갔다고 그렇게 나는 말한다네.

5-5. 바라문 제자 메타구의 질문

당신께 묻나이다. 오, 세존이시여. 제게 말씀해 주십시요.
라고 존자 메타구가 말했다.
당신은 성취하신 분, 마음을 일구신 분이라 생각하온데, 이 세상에 있는 수많은 종류의 것들, 이것들이 어찌하여 괴로움을 겪어야 하나요.

괴로움의 근원에 관해 잘 물었도다. 오, 메타구여.
라고 세존께서 말씀하셨다.
내 스스로 아는 방편으로 그것을 설하리라. 집착에서 비롯되는 괴로움은 무엇이 되었든 이 세상에 있는 수많은 종류의 것들에서 일어난다네.

무지함으로 집착을 일으킨 사람이 그 어리석음으로 다시 괴로움을 겪으리니, 그러므로 지혜로운 사람이여, 집착을 만들지 말라. 태어남과 괴로움의 근원을 잘 생각하라.

메타구

저희가 여쭌 것을 당신께서 설하셨습니다. 다른 것도 묻겠사오니 그것도 대답해 주십시오. 지혜로운 사람들은 어떻게 태어남과 늙음, 슬픔과 애통함의 강물을 건너갔나요. 그것을 샅샅이 설해 주십시오. 오, 성자이시여. 당신은 이것을 잘 아시나이다.

그대에게 법을 설하리라. 오, 메타구여.
라고 세존께서 말씀하셨다.
한 남자가 전통적 가르침 없이 현생에서 깨달아 사려깊이 만행한다면, 그는 세상에서의 욕망을 이겨낼 것이네.

메타구

그러면 가장 뛰어난 그 법에서 기쁨을 얻겠나이다. 오, 거룩한 대선인이시여. 한 남자가 그것을 깨달아 사려깊이 만행한다면, 그는 세상에서의 욕망을 이겨내겠나이다.

무엇이든 그대가 알고 있는 것들, 오, 메타구여.
라고 세존께서 말씀하셨다.
위에, 아래에, 가로 걸쳐, 그리고 중간에 있는 것들에는 기쁨도 없고 휴식도 없으리니, 그대의 마음으로 하여금 존재 위에 머물지 못하게 하라.

그렇게 살라. 사려깊게. 용맹하게. 비구여, 만행하라. 이기심, 태어남, 늙어감, 그리고 슬픔과 애통함을 버리고, 지혜로운 사람이 되어 이 세상에서의 괴로움을 떠나라.

메타구
거룩한 대선인의 이 말씀들이 기쁘나이다. 상세하게 잘 설명하시니, 오, 고타마이시여. 제가 집착에서 자유로워졌나이다. 진리 안에 계신 세존께서 괴로움을 떠나셨음은 이 법을 잘 아시기 때문이나이다.

그래서 저들 또한 괴로움을 떠날 것인데, 오, 성자이시여, 저들을 계속 타일러 주시매, 제가 엎드려 절하며 여기에 왔사오니, 오, 으뜸이시여, 저 역시 계속 타일러 주소서.

부처님
내가 성취했다고 인정하는 바라문은 아무것도 지니지 않고, 음욕의 세상에도 집착하지 않았으니, 그는 분명 이 강물을 건너갔고, 그리하여 저편 언덕으로 건너가 완고함에서 자유로워졌고, 의혹에서 자유로워졌다네.

그는 이 세상에서 지혜롭게 성취한 사람, 다시 태어나는 존재에의 집착을 버리어 욕망이 없고, 고뇌로부터 자유롭고, 갈망으로부터 자유로워, 태어남과 늙음을 건너갔다고 그렇게 나는 말한다네.

5-6. 바라문 제자 도타카의 질문

당신께 묻사오니, 오, 세존이시여. 제게 말씀해 주십시오.
라고 존자 도타카가 말했다.
저는 당신의 말씀을 갈망하오니, 오, 거룩한 대선인이시여. 당신의 설법에 귀 기울이는 사람으로 하여금 열반을 익히게 해주십시요.

그렇다면 정진하라. 오, 도타카여.
라고 세존께서 말씀하셨다.
이 세상에서 현명하고 사려깊으라. 나의 설법에 귀 기울이는 사람이여, 스스로가 지니고 있는 열반을 익히라.

도타카
저는 신과 인간의 세상에서 아무 것도 지니지 않고 만행하는 바라문을 보았나이다. 그리하여 당신께 엎드려 절하옵나니, 오, 모든 것을 보시는 분이시여, 저를 의혹에서 자유롭게 하소서. 오, 석가이시여.

부처님

나는 의혹을 품은 사람을 자유롭게 할 수는 없다네. 오, 도타카여. 그대가 최상의 법을 익히면, 그때에는 이 강물을 건널 수 있으리.

도타카
가르쳐 주십시요. 오, 바라문이시여. 자비를 베푸소서. 은둔의 법을 깨달을 수 있도록. 허공처럼 많은 허상에 빠져듦이 없이. 이 세상에서 평온하게 홀로 서서 만행할 수 있도록 하소서.

내가 그대에게 평화로움을 설하리라. 오, 도타카여.
라고 세존께서 말씀하셨다.
만일 한 남자가 현생에서 전통적 가르침 없이 평화로움을 깨닫고 사려깊이 만행한다면, 그는 세상에서의 욕망을 이겨낼 것이니라.

도타카
저는 거기에서 최상의 평화로움에서 기쁨을 찾았나이다. 오, 거룩한 대선인이시여. 만일 한 남자가 평화로움을 깨달아 사려깊이 만행한다면, 세상에서의 욕망을 이겨낼 수 있겠나이다.

그대가 알고 있는 것이 무엇이든지, 오, 도타카여.
라고 세존께서 말씀하셨다.
위에, 아래에, 가로 걸쳐, 그리고 중간에 있는 것들, 세상을 속박시키는 이것들을 알면 다시 태어나는 존재에 대해 목말라 하지 않으리라.

5-7. 바라문 제자 우파시바의 질문

저 혼자서는, 오, 석가이시여. 도움 없이는 저 거대한 강물을 건널 수 없겠나이다.
라고 존자 우파시바가 말했다.
제게 말씀해 주십시오. 오, 모든 것을 보시는 분이시여. 어떤 방법으로 이 강물을 건너갈 수 있을까요.

무(無)라는 견해를 지니어 사려깊게 되면, 오, 우파시바여.
라고 세존께서 말씀하셨다.
밤이나 낮이나 언제나, 아무것도 존재하지 않음을 깊이 생각하여 강물을 건너갈 수 있으리니, 감각적 즐거움을 포기하고 의혹을 꺼려하면 욕망이 소멸된 것으로 간주되리라.

우파시바
모든 감각적 즐거움의 열정을 떠나 무에 의지하고, 다른 모든 것을 떠나 무상의 지혜의 해탈에 도달한 사람, 그는 더 나아감 없이 거기에 머물 수 있나요.

모든 감각적 즐거움의 열정을 떠난 사람이, 오, 우파시바여.
라고 세존께서 말씀하셨다.
무에 의지하여 다른 모든 것을 떠나 무상의 지혜의 해탈에 도달했다면, 그는 더 나아감 없이 거기에 머무리라.

우파시바

더 나아감 없이 몇 해 동안 거기에 머물면, 오, 모든 것을 보시는 분이시여. 거기에서 평온하게 벗어나게 되면, 그러한 사람에게도 의식이 있을까요.

맹렬한 바람에 불꽃이 날리듯, 오, 우파시바여.
라고 세존께서 말씀하셨다.
존재하지 않으면 존재로 여겨지지 않으니, 명과 색에서 벗어난 성자 조차도 일단 사라지면 존재로 여겨질 수 없다네.

우파시바

그는 사라졌나요, 아니면 더 이상 존재하지 않나요, 아니면 병고(病苦)에서 영원히 자유로워졌나요. 제게 샅샅이 설명해 주십시오. 오, 성자이시여. 당신께서는 이 법에 대해 잘 알고 계시나이다.

사라진 사람에게는 형체가 없다네. 오, 우파시바여.
라고 세존께서 말씀하셨다.
그리고 말해지는 그것이, 그에게는 더 이상 존재하지 않으니, 모든 것이 끊어지면 모든 논쟁 또한 끊어진다네.

5-8. 바라문 제자 난다의 질문

세상에는 많은 성자들이 있다고 하는데,
라고 존자 난다가 말했다.
당신께서는 어떻게 생각하시나요. 앎을 지닌 사람을 성자라고 하시나요, 삶을 제어하는 사람을 성자라고 하시나요.

부처님
견해 때문도 아니고, 전통 때문도 아니고, 앎 때문도 아니라네. 오, 난다여. 대가들은 어떤 사람을 성자라고 부르는가. 스스로 은둔하여, 번뇌로부터 자유롭게, 욕망으로부터 자유롭게 만행하는 그러한 사람들, 그들을 나는 성자라고 부른다네.

이 모든 사문과 바라문들이,
라고 존자 난다가 말했다.
견해로부터, 전통으로부터, 계와 행으로부터, 그리고 여러 방편들로부터 청정함이 온다고 말하는데, 그들은 그들이 세상에서 실천했던 그 방편으로 태어남과 늙음을 건너갔나요. 오, 존귀하신 분이시여. 당신께 묻사오니, 오, 세존이시여. 제게 말씀해 주십시오.

이 모든 사문과 바라문들이, 오, 난다여.
라고 세존께서 말씀하셨다.
견해로부터, 전통으로부터, 계와 행으로부터, 그리고 여러 방편들에서 청정함이 온다고 말하는데, 그들은 그들이 세상에서 실천했던 그 방편으로는 여전히 태어남과 늙음을 건너가지 못하고 있다고 그렇게 나는 말한다네.

이 모든 사문과 바라문들이,
라고 존자 난다가 말했다.
견해로부터, 전통으로부터, 계와 행으로부터, 그리고 여러 방편들에서 청정함이 온다고 말하는데, 만일 당신께서, 오, 성자이시여. 그 사람들이 강물을 건너가지 못했다고 말씀하신다면, 그러면 누가 신과 인간의 세상에서 태어남과 늙음을 건너갔나요. 오, 존귀하신 분이시여. 당신께 묻사오니, 오, 세존이시여. 제게 말씀해 주십시요.

나는 모든 사문과 바라문들이, 오, 난다여.
라고 세존께서 말씀하셨다.
태어남과 늙음에 뒤덮여 있다고 말하지는 않는다네. 이 세상에서 보고, 듣고, 생각했던 것, 그리고 모든 계와 행을 떠난 후에, 다양한 종류의 모든 것을 떠난 후에, 욕망을 꿰뚫은 후에, 비로소 열정으로부터 자유로워진 그 사람들, 그러한 사람을 나는 진실로 강물을 건넌 사람들이라고 부른다네.

난다
거룩한 대선인께서 상세하게 잘 설명하신 이 말씀들이 기쁘나이다. 오, 고타마이시여. 제가 집착으로부터 자유로워졌나이다.
이 세상에서 보고, 듣고, 생각했던 것, 그리고 모든 계와 행을 떠난 후에, 다양한 종류의 모든 것을 떠난 후에, 욕망을 꿰뚫은 후에, 비로소 열정으로부터 자유로워진 그 사람들, 그러한 사람들을 저는 강물을 건너간 사람들이라 부르겠나이다.

5-9. 바라문 제자 헤마카의 질문

전에 다른 세상에 있던 사람들이,
라고 존자 헤마카가 말했다.
'옛날에도 그랬고, 미래에도 그러하리라.'라고 말씀하신 고타마의 가르침을 제게 설해 주었는데, 그 모두가 구전(口傳)뿐이었고, 그 모두가 의혹을 늘리는 것뿐이었습니다.

저는 거기에서 즐거움을 얻지는 못했지만, 그러나 당신께서는 욕망을 깨뜨리는 법을 말씀하셨나이다. 오, 성자이시여. 만일 한 남자가 깨달아 사려깊게 만행한다면, 그가 세상에서의 욕망을 건널 수 있을런지요.

부처님
이 세상에서 보고, 듣고, 생각했던 것, 소중한 것에 대한 열정과 소망의 소멸이, 오, 헤마카여, 열반의 불멸의 경지라네.

이것을 깨달은 사려깊고 평온한 사람들, 그들은 평온하고 신성한 법을 찾았기에 이 세상에서의 욕망을 건너갔다네.

5-10. 바라문 제자 토데야의 질문

음욕 없이 살아가는 사람인 그에게,
라고 존자 토데야가 말했다.
욕망이 없는 그에게, 의혹을 이겨낸 그에게는 어떤 종류의 해탈이 있나요.

음욕 없이 살아가는 사람인 그에게, 오, 토데야여.
라고 세존께서 말씀하셨다.
욕망이 없는 그에게, 의혹을 이겨낸 그에게는 다른 해탈이 없다네.

토데야
그 사람은 열망이 없나요, 열망이 있나요. 깨달음을 지녔나요, 이루어 나가는 중인가요. 오, 모든 것을 보시는 분이시여. 제가 성자를 알 수 있도록 설해 주십시오. 오, 석가이시여.

부처님
그는 열망이 없고, 열망하지도 않으며, 깨달음을 지녔고, 이루어 나가는 중이 아니라네. 알아두게나. 오, 토데야여. 어떤 것도 지님이 없는, 음욕과 존재에 연연하지 않는 그러한 사람이 성자라는 것을.

5-11. 바라문 제자 카파의 질문

밀려오는 어마어마한 물결 속에서,
라고 존자 카파가 말했다.
물속에 서있는 사람들을 위하여, 쇠락과 죽음을 이겨내지 못한 사람들을 위하여, 제게 섬에 대해 말씀해 주십시요. 오, 존귀하신 분이시여. 이러한 물결이 다시는 찾아오지 않을 섬에 대해 말씀해 주십시요.

밀려오는 어마어마한 물결 속에서, 오, 카파여.
라고 세존께서 말씀하셨다.
물속에 서 있는 사람들을 위하여, 쇠락과 죽음을 이겨내지 못한 사람들을 위하여, 내가 그대에게 섬에 대해 말하리라. 오, 카파여.

아무것도 지님이 없고, 아무것도 집착함이 없는, 이 비할 데 없는 섬, 쇠락과 죽음이 소멸되는 곳, 나는 열반이라 부른다네.

이것을 깨달은 사람들은 사려깊고 평온하다네. 법을 알기 때문에 악신의 힘에 빠지지 않고, 악신의 동반자도 되지 않는다네.

5-12. 바라문 제자 가투칸니의 질문

음욕으로부터 자유로운 영웅에 대해 듣고서,
라고 존자 가투칸니가 말했다.
강물을 건너신 분, 음욕으로부터 자유로우신 분께 여쭙고자 왔사오니, 제게 평화로움의 자리를 말씀해 주십시오. 오, 천안을 지니신 분이시여. 제게 사실대로 말씀해 주십시오. 오, 세존이시여.

뜨거운 태양이 그 열기로 대지를 정복하듯, 음욕을 정복하고 만행하시는 세존이시여, 깨달음이 작은 제게 법을 말씀해 주십시오. 오, 위대한 깨달음을 지니신 분이시여. 이 세상에서 태어남과 늙어감을 어떻게 떠날지, 제가 확실히 알게 하여 주십시오.

감각적 즐거움에 대한 탐욕을 다스리라. 오, 가투칸니여.
라고 세존께서 말씀하셨다.
세상을 저버리는 것을 행복으로 생각하고, 어떤 것도 집착하여 좇거나 마다하지 말라.

그대 앞에 놓인 것, 그것을 치우라. 그대의 뒤에 아무 것도 남기지 말라. 만일 그대가 생의 한가운데 있는 것에 집착하지 않는다면 평온하게 만행하리라.

명과 색에 대한 탐욕이 총체적으로 사라진 그에게는, 오, 바라문이여. 그에게는 죽음의 힘에 빠져들 열정이 없도다.

5-13. 바라문 제자 바드라부다의 질문

지혜로운 분, 집을 떠나신 분, 욕망을 끊어내신 분,
라고 존자 바드라부다가 말했다.
소란에서 자유로우신 분, 기쁨을 저버리신 분, 강물을 건너신 분, 벗어나 자유로우신 분, 시간을 영원히 떠나신 분께 간청하오니, 으뜸이신 분의 말씀을 들어야 물러날 것이나이다.

여러 사람들이 여러 지역에서 모여와 당신의 말씀을 고대하고 있사오니, 오, 영웅이시여. 당신께서 잘 아시는 이 법을 샅샅이 설명하여 주십시요.

집착에 대한 욕망을 총체적으로 다스리라. 오, 바드라부다여.
라고 세존께서 말씀하셨다.
위, 아래, 가로 걸쳐, 그리고 중간에. 그대가 세상에서 집착하여 좇는 것 바로 그 곁에 악신이 따라가고 있도다.

그러므로 이를 알라. 사려깊은 비구여, 모든 세상에서 어떤 것도 집착하여 좇지 말라. 죽음의 영역에 찰싹 들러붙은 이 세계를 욕망의 산물로 생각하라.

5-14. 바라문 제자 우다야의 질문

세상의 더러움에서 벗어나 명상에 잠기신 부처님께,
라고 존자 우다야가 말했다.
해야 할 일을 다하시어 열정이 없으신 분, 모든 것을 성취하신 부처님께 제가 질문을 갖고 왔사오니, 무명을 쪼개는 것, 지혜에 의한 해탈을 말씀해 주십시오.

음욕과 욕망을 떠나라. 오, 우다야여.
라고 세존께서 말씀하셨다.
그리하여 양쪽의 슬픔을 떠나고, 나태함을 떠나고, 옳지 않은 행실을 물리치라.

평정심과 사려깊음으로 지혜에 의한 해탈을 청정하게 하라. 그대에게 말하노니, 추론을 법에 앞세우는 무명을 쪼개내라.

우다야
무엇이 세상의 속박입니까. 무엇이 그 실제입니까. 무엇을 떠나야 열반이라고 말해집니까.

부처님
세상은 즐거움에 속박되는데, 추론이 그 실제라네. 욕망을 떠나야 열반이라고 말해진다네.

우다야

사려깊게 만행하는 사람은 어떻게 의식을 멈추나요. 당신께 묻고자 왔사오니, 말씀을 들려주십시오.

부처님

마음속으로나 밖으로나 감각적인 것을 즐거워하지 않는 사람, 그리하여 사려깊게 만행하는 사람, 그에게는 의식이 멈추어진다네.

5-15. 바라문 제자 포살라의 질문

과거를 보여주시는 분,
라고 존자 포살라가 말했다.
욕망이 없으신 분, 의혹을 끊어내신 분, 모든 것을 성취하신 분, 그분께 간절한 마음으로 질문을 가지고 왔나이다.

오, 석가이시여. 과거의 실상을 깨달으신 분, 모습을 가지고 있는 모든 색(色)을 풀어내신 분, 그리하여 마음속에서나 밖에서나 아무 것도 존재하지 않음을 보신 분, 그분의 지혜에 대해 여쭙겠나이다. 그러한 사람은 어떻게 나아갈 수 있나요.

의식의 모든 면을 아시는 여래께서는, 오, 포살라여.

라고 세존께서 말씀하셨다.
그것에 전념하여 벗어난 사람도 알고 계신다네.

즐거움의 속박이 무에 근원하지 않음을 깨달으면, 그는 이것을 선명하게 보리니, 이것이 완벽한 지혜, 성취를 이룬 바라문이라네.

5-16. 바라문 제자 모가라자의 질문

제가 석가모니께 두 번을 여쭈었으나,
라고 존자 모가라자가 말했다.
분명하게 보시는 분께서 제게 설하지 않으셨나이다. 그러나 세 번째 여쭈면 신성한 대선인께서 설해 주실 것이라고, 저는 그렇게 들었나이다.

이 세상, 저 세상, 그리고 범천의 세상들이 신들의 세상과 함께 있지만, 저는 저명하신 고타마의 견해를 알지 못하나이다.

여기 선한 것을 보시는 분께 제가 간절한 마음으로 질문을 가지고 왔사온데, 죽음의 왕이 찾지 못하는 세상을 어느 누가 어떻게 볼 수 있나요.

세상을 공허한 것으로 보라. 오, 모가라자여. 늘 사려깊으라. 자신의 견해를 깨뜨리라. 그리하면 죽음을 이겨낼 것이니, 죽음의 왕도 세상을 그리 생각하는 사람은 찾아낼 수 없으리라.

5-17. 바라문 제자 핑기야의 질문

저는 늙고, 허약하고, 생기도 없습니다.
라고 존자 핑기야가 말했다.
제 눈은 흐릿하고, 귀도 좋지 않습니다. 그러하오니 제가 이 노정에서 어리석은 사람으로 사라지지 않도록, 태어남과 늙어감을 어떻게 떠날지를 알 수 있도록, 제게 그 법을 말씀해 주십시오.

사람들은 육신이 고통받는 것을 보면서도, 오, 핑기야여.
라고 세존께서 말씀하셨다.
사람들은 육신이 받는 고통에 관심을 기울이지 않는다네. 그러므로, 오, 핑기야여. 주의깊게 조심하여 결코 다시 태어나지 않도록 육신을 떠나야 한다네.

핑기야
사방(四方), 사유(四維), 상하(上下), 이것이 시방(十方)이고, 거기에는 당신께서 보거나, 듣거나, 생각하지 못했던 것이 아무것도 없는데, 당신께서는 그 세상에서 어떤 것을 깨닫지 못하셨나요. 이 세상에서 태어남과 늙어감을 어떻게 떠날지를 알 수 있도록, 제게 그 법을 말씀해 주십시요.

사람들이 욕망을 꽉 붙잡는 것을 보라. 오, 핑기야여.
라고 세존께서 말씀하셨다.
늙어감으로 고통을 받고 압박을 받느니라. 그러므로 그대, 오, 핑기야여. 세심하게 주의를 기울이라. 그리하여 욕망을 떠나라. 다시는 태어나지 않도록.

5-18. 결게(結偈)[321]

이것은 세존께서 마가다의 파사나카 케티야에 머물면서 말씀하신 것이다.
열여섯 바라문이 찾아왔고, 그들이 각각 차례로 질문하였고, 세존께서 그 질문들에 응답하셨다.
만일 어떤 남자가 각 질문의 의미와 논지를 깨달아 그 법에 따라 산다면, 그러면 그는 노쇠와 죽음의 저편 언덕으로 건너갈 것인데, 이 법들

---

321 이 항목구분은 임의로 넣은 것이다. PTS본 원문에 p.209가 중복되었는데, 위쪽의 p.209에는 '바라문 제자 핑기야의 질문'이 실려있고, 아래쪽 p.209에는 표제 없는 문장이 실려있다. 때문에 정리를 위해 임의로 '18. 결게'라는 문단을 구분하였다. 그리고 머리 부분의 서게(序偈)와 대조를 이루기 위해 결게라고 이름하였다.

이 저편 언덕으로 인도하기 때문이다. 그러므로 이 법의 가르침을 '건너편 언덕[322]에 이르는 방편'이라고 한다.

아지타, 티사메테야, 푼나카와 메타구, 도타카와 우파시바, 난다와 헤마카, 두 명의 토데야와 카파, 그리고 현자 가투칸니, 바드라부다와 우다야, 그리고 또한 바라문 포살라, 그리고 현자 모가라자, 그리고 위대한 대선인 핑기야,

이들은 훌륭한 품행을 갖추신 대선인 부처님께 갔는데, 미묘한 질문을 묻기 위해 무상의 부처님께 간 것이었다.

질문을 받으신 부처님은 진실하게 대답하셨고, 그리하여 성자께서는 질문에 대한 응답으로 여러 바라문들을 기쁘게 하셨다.

그들은 태양족의 후예이신 분명하게 보시는 분 부처님에게서 큰 기쁨을 받았고, 뛰어난 깨달음을 지니신 분 가까이에서 경건한 삶에 전념하였다.

각 하나씩의 질문에 대한 답으로 부처님께서 가르친 것을 따라 살았던 그들은 이 언덕에서 저 언덕으로 건너갔다.

---

322 the other shore. 피안(彼岸). 강 건너편 언덕.

이 언덕에서 가장 뛰어난 방편에 들어가 건너편 언덕으로 갔는데, 건너편 언덕으로 나아가게 한 이 방편은 '건너편 언덕에 이르는 방편'이라 불리워졌다.

제가 저편 언덕으로 가는 방편을 분명하게 증거하겠습니다.
라고 존자 핑기야가 말했다.
그분은 보신 것처럼 그렇게 말씀하셨습니다. 흠이 없으신 분, 매우 지혜로우신 분, 열정이 없으신 분, 욕망이 없으신 귀하신 분, 그분이 무슨 까닭으로 거짓되이 말씀하시겠습니까.

그렇습니다. 저는 그분의 아름다운 목소리를 찬양합니다. 세상의 때와 어리석음이 없으신 분, 오만함과 위선을 떠나신 분.

어둠을 떨쳐내신 부처님, 모든 것을 보시는 분, 세상을 속속들이 깨달아 모든 존재를 극복하시고, 열정에서 자유로우시며, 모든 괴로움을 떠나시고, 부처님이라 마땅하게 불리우시는 분, 그분이, 오, 바라문이시여, 저에게 오셨습니다.

새들이 덤불을 떠나 열매 많은 숲에 둥지를 틀듯이, 저 역시 그러합니다. 좁은 견해를 가진 사람들을 떠나, 큰 기러기[323]처럼 거대한 바다에

---

323 hamsa. hamsa는 고대 북인도에서 서식하던 철새를 가리키는 말이다. 인도 힌두교의 고대 문헌에서는 삼생의 윤회에서 벗어나는 것, 또는 창조신의 하나인 브라흐마를 나타내고, 불교에서는 지혜의 상징으로 여긴다. 정식 명칭은 바리머리 거위(Anser dicus) 또는 벙어리 백조(Cygnus Olor). 여기에서는 편의상 큰 바다를 건너다니는 '큰기러기' 정도로 표기하였다.

이르렀습니다.

전에 다른 세상에 있던 사람들이 '옛날에도 그랬고, 미래에도 그러하리라.'라고 말씀하신 고타마의 가르침을 제게 설해 주었었는데, 그 모두가 구전뿐이었고, 그 모두가 의혹을 늘리는 것뿐이었습니다.

변함없이 어둠을 몰아내시는 오직 한 분, 고귀한 태생이시며, 빛을 발하시는 분, 위대한 깨달음을 지니신 고타마, 위대한 지혜를 지니신 고타마,

저에게 법과, 순간적인 것, 즉시적인 것, 욕망의 소멸, 고통에서의 벗어남을 가르치신 분, 어디에도 비슷한 분이 없습니다.

바바리
그대는 잠깐이라도 그분에게서 떨어질 수 없는가. 오, 핑기야여. 위대한 깨달음을 지닌 고타마로부터, 위대한 지혜를 지닌 고타마로부터.

누가 그대에게 법과, 순간적인 것, 즉시적인 것, 욕망의 소멸, 고통에서의 벗어남을 가르쳐 주었는가. 어디에도 비슷한 사람이 없는가.

핑기야
저는 잠깐조차도 그분과 떨어지지 못합니다. 오, 바라문이시여. 위대한 깨달음을 지닌 고타마로부터, 위대한 지혜를 지닌 고타마로부터.

저에게 법과, 순간적인 것, 즉시적인 것, 욕망의 소멸, 고통에서의 벗어남을 가르쳐 주셨으며, 어디에도 비슷한 분이 없습니다.

저는 제 마음으로, 제 눈으로, 늘 깨어있으면서, 오, 바라문이시여, 밤이나 낮이나 그분을 바라봅니다. 밤새워 경배하면서. 그래서 저는 그분에게서 떨어지지 못합니다.

믿음과 기쁨, 마음과 생각이 저를 고타마의 가르침으로 기울게 하였으며, 매우 지혜로우신 분이 가시는 길이면 어느 길이든지 저도 똑같이 따라갑니다.

저는 지치고 허약하여 제 육신이 그리로 가지는 못하지만, 그러나 저의 생각은 늘 그리로 가니, 오, 바라문이시여. 제 마음은 늘 그와 함께 있습니다.

진흙탕에 누워 꿈틀거리다가, 이 섬 저 섬을 옮겨 다니다가, 그러다가 완벽하게 깨달으신 분, 강물을 건너가 열정에서 자유로워진 분을 뵈었습니다.

세존
바칼리가 충실한 믿음으로 벗어난 것처럼, 바드라부다와 알라비 고타마처럼, 그렇게 그대의 충실한 믿음이 그대를 벗어나게 할 것이니, 오, 핑기야여. 그대는 죽음의 영역 저편의 언덕으로 건너가리라.

핑기야

성자의 말씀을 들으니 몹시 기쁩니다. 정각자께서는 장막을 걷어내셨고, 완고함으로부터 자유로우시며, 또 지혜로우십니다.

신에 관해 꿰뚫고 계시며, 모든 것에 대한 모든 설명을 아시니, 위대한 스승께서는 의혹에 대한 모든 질문을 허락하시어 그 종지부를 찍을 것입니다.

넘을 수 없는 분, 변화시킬 수 없는 분, 어디에도 비슷한 사람이 없는 분께, 저는 반드시 갈 것입니다. 이렇게 되면 제게는 의혹이 남지 않을 것이고, 그렇게 마음을 빼앗길 것임을 알고 있습니다.

[끝]

덧붙이는 말

숫타니파타는 원시불교 초기에 성립된 경전으로, 팔리어로 쓰여진 남전장경에 속한다. 국내에서는 송광사 불일암의 승려 법정에 의해 1991년 최초로 번역되었다.
숫타니파타에 대하여는 이미 널리 알려져 있고, 또 불교학자나 승려들, 또는 법사들에 의해 나름대로 계속하여 연구 소개되고 있으므로, 역자가 굳이 부연할 필요가 없으리라 본다.

숫타니파타를 처음 접하게 된 것은 우연히 숫타니파타의 한 구절을 마주치면서부터였다. 법정이 번역한 숫타니파타였다. 단 하나의 문장 뿐이었지만, 알 수 없는 묘한 느낌에 사로잡혀 나머지 부분을 찾아서 읽기 시작했다. 그런데 어찌된 일인지 문맥이 매끄럽게 연결되지 않는 부분들이 나타났고, 때로는 뜬금없이 동떨어졌다는 느낌을 지울 수 없었다. 옥의 티와 같은 이 얼마 되지 않는 난해한 부분들이 운율감 있게 이어지던 맥락을 거대한 장벽처럼 가로막아 더 이상 나아가지 못하게 하였다.

그 후 우연한 기회에 덴마크의 동양언어학자 미하엘 비고 파우스뵐

(Michael Viggo Fausböll)이 1881년 옥스퍼드 클라렌든 출판사에서 발간한 팔리어 원전의 영역본을 접하게 되었다.

이 영역본은 독일 태생의 영국 동양문헌학자 막스 뮐러(Max Müller)가 옥스퍼드 대학교 출판부를 위해 기획한 '동방의 성스러운 책들(Sacred Books of the East)' 전 50권에 포함되어 출간되었는데, 1885년에 영국 런던의 '팔리 원전 연구회(The Pali Text Society)'에서 다시 재발간되었다. 이후 파우스뵐의 이 영역본은 PTS본이라 불리우면서 영어권 숫타니파타 연구의 기본적 텍스트가 되었다.

법정이 번역 소개한 숫타니파타는 일어의 중역본으로 알려져 있다. 중역본은 그 특성상 역자의 의도와는 관계없이 원전이 가지는 함축적인 의미나 분위기가 그대로 반영되기 어려운 것이 사실이다.

근래 남전장경에 대한 관심이 높아지고, 소승불교로 구별했던 인도 및 남아시아 각국의 불교를 남방불교로 개칭하면서 그 수행에 대한 인식이 크게 바뀌어지는 것에 발맞추어, 국내에서도 팔리어 원전을 연구하는 분들이 늘어나게 되었다.

대표적인 것이 1997년 불교학자 전재성이 PTS, 즉 '팔리 원전 연구회(The Pali Text Society)'의 양해를 받아 설립한 '한국빠알리성전협회'이다. 전재성과 한국빠알리성전협회는 팔리어 원전의 한글 번역 사업을 지속적으로 이어오고 있는데, 전재성이 역주한 '빠알리대장경 숫타니파타' 역시 그러한 노력의 산물 가운데 하나이다.

그 외에도 여러 학자 승려들이 팔리어 직역, 또는 영어나 일어의 중역본으로 숫타니파타를 발간하였는데, 법정과 전재성 박사의 번역본 이외에는 역자가 직접적으로 참고하지 못했다.

이 책에 사용된 저본은 위에서 말한 파우스뵐의 PTS 영역본이다. 그러므로 이 책 역시 중역본에 속한다. 필자는 영어학자나 영어전공자가 아니고, 영어를 생활언어로 사용하는 환경에 속하지도 않는다. 그러므로 영어에 조예가 깊지 못하여, 사전이나 단어장을 참고하여 앞뒤 연결하여 근근이 읽어가는 초학의 수준에 불과한 능력이지만, 언어적 능력의 고하와 관계없이 순전히 개인적인 차원에서 숫타니파타의 아지 못할 힘에 이끌려 이 대단한 책의 번역을 시도해 보게 되었고, 한 문장, 한 문장 차례차례 풀어나가면서 저도 모르게 이 작업에 깊이 빠져들어 몰두하게 되었다.

그리하여 몇 년에 걸쳐 숫타니파타 전문을 나름대로 번역하기에 이르렀고, 이 결과물이 학문적으로나, 언어학적으로나, 번역의 충실도나, 완성도 등등 어떠한 측면에서 보더라도 아무런 객관적 의미를 갖지 못하는 수준에 불과함을 스스로 잘 알고 있지만, 결과물이 나온 이상 책으로 엮어내고 싶다는 또 다른 거역하기 어려운 욕망에 사로잡혀 헤어나지 못하게 되었고, 마침내 기어이 책을 펴냄으로써 사계의 문전을 어지럽히는 어리석음을 범하고야 말았다.

이에 대단히 송구스러운 마음으로 조심스럽게 상재하는 바이니, 부디 사계의 학자들이나 승려들, 법사들, 그리고 숫타니파타를 사랑하시는 불자들이나 독자 여러분들의 너르고 너른 양해를 바라고 바랄 뿐이다.

2024년 추시월 청옥재 우거에서
청옥산인 합장

일러두기

이 책의 저본이 되는 PTS 영역본은 다음과 같다. 출처는 웹이다. 원문이 되는 영역본은 지면 관계상 함께 싣지 못했다. 관심이 있으신 분은 다음의 원문을 찾아 보시기를 강력하게 권해 드린다.

THE SUTTA-NIPÂTA

A COLLECTION OF DISCOURSES

BEING ONE OF THE CANONICAL BOOKS OF THE BUDDHISTS

TRANSLATED FROM PÂLI BY V. FAUSBÖLL

Oxford, the Clarendon Press [1881]

Vol. X Part II of The Sacred Books of the East

translated by various Oriental scholars and edited by F. Max Müller

그리고 다음의 책을 참고하였다. 물론 실물이 아니라, 웹에 올려져 있는 부분을 참고하였고, 전체적으로 숙독한 것이 아닌 부분적으로 참고하였을 뿐이다.

법정 옮김 불교 최초의 경전 숫타니파타 서울 샘터사 1991.
전재성 역주 빠알리대장경/쿳다까니까야 숫타니파타 서울 한국빠알리성전협회 2004.

PTS 영역본에는 영역되지 않은 팔리어 원전의 용어들이 수시로 등장하는데, 이 부분에 대해서는 팔리어 웹사전, 즉 '팔리영어사전'을 애용하였다. 명칭은 필자가 나름대로 붙인 것이다.

정식 명칭은 '남아시아 디지털 도서관(The Digital South Asia Library)'이고, 미국 시카고 대학이 주관하는 프로그램이다.

이 프로그램 안에 한 부분으로서 'The Pali Text Society's Pali-English Dictionary'가 들어있는데, 팔리어를 입력하면 영어로 해석해주는 웹사전이다. 필자는 이를 주석에서 'PTS사전'이라고 칭하였다.

번역에 있어서는 물론 영역본이지만, 가급적 원문에 충실하려고 노력하였다. 난해한 부분을 만나도 적당히 뭉뚱그리지 않고 나름대로 깊이 침잠하면서 본래의 의미를 찾아보려고 무진 애를 썼다. 그리하여 원문이 지니는 함축적 의미와 분위기를 나름대로 찾아보려고 노력하였다.

또한 원문의 운율감을 최대한 살리려 노력하였다. 산문이라 생각되는 부분조차 그 저변에 운문의 흐름이 깔려있는 것으로 느껴졌기 때문에, 이 부분에 대해서도 노심초사하면서 시간과 고심을 아끼지 않았다. 만일 읽는 이들이 여기 실린 글들을 운문이 아닌 산문으로 느끼셨다면, 그것은 전적으로 역자의 역량 때문이지, 원문의 문제가 아닐 것이다.

또 문장의 문단 구성과 줄바꿈은 영역본 원문을 최대한 따르려 하였으나, 사행시 등의 부득이한 경우, 또는 읽는 이들의 이해도나 운율감을 높이기 위하여 다소 변경하기도 하였다.
그 외에 첨삭과 윤문과 의역은 가급적 지양하는 것을 원칙으로 하였으나, 문맥이 원활하게 이어지도록 하기 위해 원문의 뜻을 훼손하지 않는 범위 내에서 최소화하려고 나름대로 고심하였다.

번역에 있어서 필자의 능력이 도저히 닿지 않는 부분에서는 선학들이 남기신 문헌을 참고할 수밖에 없었는데, 대개 웹에 올려진 사계의 학자들, 그리고 여러 승려와 법사들의 번역이었다.

참고로 필자가 알고 있는 지금까지 나온 오로지 숫타니파타만을 내용으로 하는 번역본은 다음과 같다.

- 법정 옮김 숫타니파타 불교 최초의 경전 샘터사 1991
- 석지현 옮김 숫타니파타 최초의 불전 불교경전 16 민족사 1993
- 전재성 역주 숫타니파타 빠알리대장경 쿳다까니까야 한국빠알리성전협회 2004

- 지안 역 수타니파타 천줄읽기 지식을만드는지식 2011
- 청화 편해 숫타니파타 근본 불교 시리즈 2 향지 2011
- 양승명 역 수타니파타 경집 불교 최초의 경전 승봉사 2014
- 김운학 옮김 수타니파타 종합출판범우 2019

한역본으로는 대만의 운암본(雲庵本)을 참고하였고, 간체본으로는 중국의 곽양균(郭良鋆)본을 참고하였다. 출처는 다음과 같다.

CBETA漢文大藏經
漢譯南傳大藏經 第27冊 No.12 經集 雲庵譯
財團法人佛教電子佛典基金會 台灣 台北市
https://www.cbeta.org.

巴利語佛教經典
經集(सुत्तनिपातपाळि/Sutta-Nipāta) 郭良鋆 譯 北京 中國社會科學出版社 1999.
http://www.agamarama.com/Ch_Tipitaka(s)_htm/S/jingji.pdf

이외에도 대산각법선림(大山脚法禪林)의 페이스북에 게시된 '훈성경(葷腥經) 2-2. 비린 것 아마간다 바라문'의 두 번째 문단에 나오는 식물명의 한역을 참고하였다.

Dhammavana Meditation (BM) Center 大山脚法禪林
Penang, Malaysia.

또 글이 막힐 때마다 그때그때 웹상에서 수많은 법사님들의 노고 어린 번역을 참조하기도 하였다. 여러 법사님들의 신심 깊은 수고의 결과를 일말의 양해도 없이 임의로 엿보았음에 대해 이 기회를 빌어 죄송하다는 말씀을 올리면서 아울러 깊은 감사의 말씀을 올린다.

또한 영어해석이나 표현에 대한 전문적 지식을 엿볼 수 있게 해주신 수많은 영어 웹블로거들에게도 감사드린다.

청옥산인 식(識)